Copyright © 2023 | EPIFANI VERLAG
1.Auflage
ISBN: 978-3-9525735-4-9

Alle Rechte vorbehalten!

STRESSFREI KOCHEN FÜR Eltern

KÜCHENHACKS FÜR MEHR FAMILIENZEIT

CLEVER PLANEN UND LAGERN,
GÜNSTIG EINKAUFEN
UND GESUND KOCHEN

KATJA WÖHLER

« Einer der grössten Fehler, die man machen kann, ist, zu wenig Zeit mit den Menschen zu verbringen, die man liebt! »

Unbekannt

Liebe Mama, lieber Papa
ODER UMGEKEHRT

Der Alltag in einer Familie ist häufig stressig und die Zeitfenster sind klein. Wir rennen von Aufgabe zu Aufgabe und haben einen sehr hohen Anspruch an uns.

Wusstest du, dass Eltern selten so viel bewusste Zeit mit ihren Kindern verbracht haben wie unsere Generation im Durchschnitt? Auch die Ernährung ist in vielen Familien heute auf einem hohen und sehr bewussten Niveau.

Vielleicht bist du gerade verzweifelt, weil dir gesunde Ernährung wichtig ist und du im stressigen Alltag mit Kindern immer wieder an diesem Anspruch scheiterst. Möglicherweise wünschst du dir auch, dass es dir gelingt, das Essen zu einem gemeinsamen Ritual werden zu lassen. Wir versprechen dir, dafür brauchst du keine Zauberkräfte. Für ein gelingendes Familienleben lauten die Grundzutaten auch in der Familienküche: **Liebe, Ideen, Zuwendung, hilfreiche Strukturen und Zeit.** Da gerade die Zeit im bewegten Alltag mit Kindern knapp ist, sind die hilfreichen Strukturen so wichtig.

Dieses Buch ist kein klassisches Kochbuch für Familien. Hiervon gibt es schon so viele auf dem Markt. Stattdessen unterstützt dich dieses Buch darin, ein **System für dich zu entwickeln, das dich rund um das Thema Essen entlastet.**

EIN KLARES SYSTEM SPART AUF DAUER NICHT NUR ZEIT UND GELD, SONDERN AUCH NERVEN.

Du entdeckst zum einen den Ort Küche neu und lernst, wie du ihn für dich strukturierst, denn ein so bedeutender Gemeinschaftsraum wie die Küche funktioniert lediglich mit einer guten und übersichtlichen Struktur. So kann ihn jedes Familienmitglied nutzen, und Ausreden gelten nicht mehr.

Das bedeutet: **Wir räumen einmal auf.** Das kann im ersten Moment abschreckend wirken und – ich will nicht lügen – das kostet erst einmal Zeit und Nerven. **Ich verspreche dir allerdings, dass sich dieser einmalige Aufwand für euren Alltag als Familie lohnt.** Ein klares System spart auf Dauer nicht nur Zeit und Geld, sondern auch Nerven. Die Handgriffe gehen schneller und ihr werdet euch alle besser zurechtfinden. Ein System und ehrliche Kommunikation helfen, dass sich die Arbeit bei euch nicht einseitig verteilt.

In diesem besonderen Buch liegt das Augenmerk darauf, Strukturen und gemeinsame Rituale einzurichten, die dir und deiner Familie das Leben leichter und schöner machen.

Hierfür lade ich dich beziehungsweise euch ein, euch als Familie grundsätzlich Gedanken zu machen:

Was möchtet ihr essen?
Was ist euch rund um die Ernährung wichtig, beispielsweise regional und saisonal, vegetarisch oder nicht?
Wie möchtet ihr essen?
Wer übernimmt welche Aufgaben?

Im Grunde muss heute niemand mehr frisch kochen, denn das Angebot an Fertigprodukten ist groß. Frisch gekocht ist aber nicht nur gesünder, sondern schmeckt auch viel besser und unterstützt dein Kind bei der Geschmacksbildung. Kinder lernen beim Kochen oder bereits beim Zuschauen die unterschiedlichen Lebensmittel in unverarbeiteter Form kennen. Sie sehen und riechen eine Möhre, eine Kartoffel oder den frischen und knackigen Salat. Vielleicht naschen sie einmal an der Butter oder am Käse, während du kurz wegsiehst. Das Kochen mit frischen Zutaten ermöglicht das Erwachen aller Sinne beim Essen. Kinder erleben, wie sich Geruch, Geschmack und manchmal auch die Farbe mit dem Kochen verändern. **Das Herz eines Familienlebens schlägt durch die gemeinsam verbrachte Zeit im Alltag und im eigenen Heim.**

Dich setzt das unter Druck und du denkst sofort: Klingt zwar schön, aber wann soll ich das noch schaffen? – Mit diesem Gedanken bist du nicht allein. Mit diesem Buch hast du dir die perfekte Hilfe ins Haus geholt, um das Schritt für Schritt zu ändern. Ja, mit frischen Zutaten für eine Familie in guten 30 Minuten zu kochen, ist sportlich. Aber es geht, und wie bei jedem Sport wird es mit etwas Übung leichter.

Jeder mit Kindern kennt das Problem der Zeitfenster – der Alltag ist unterteilt in lauter Aufgaben, die erledigt werden wollen. Mit all diesen To-dos verlierst du nicht nur schnell den Überblick, sondern auch die Lust. Beim Abarbeiten der Wäscheberge mag fehlende Leidenschaft nicht ganz so schlimm sein. Kochen ist jedoch eine sinnliche Aufgabe, die dir und deinen Kindern viel Freude schenken kann.

Dieses Buch unterstützt dich dabei, Routinen und Strukturen zu entwickeln, die dir wieder die Luft verschaffen, mit Freude zu kochen. Die Essenszubereitung soll keine krampfige und lästige Pflicht sein, die du auf deiner Liste abhakst, sondern an den meisten Tagen eine schöne Unterbrechung und vielleicht sogar gemeinsam verbrachte Zeit.

Keine Sorge – es geht dabei nicht um komplizierte und langwierige Mahlzeiten, die du dann bitte noch mit einem Lächeln zubereitest. Es soll um einfaches und trotzdem freudvolles Kochen gehen. **Hierfür brauchst du eine gute Planung, die dir den Kopf freihält.** Eine gute Übersicht sowohl über deine Vorräte als auch über deine Materialien unterstützt dich dabei, schnell in deiner Küche zu agieren. Außerdem erhältst du in diesem Buch praktische Hacks, die dir den Alltag zusätzlich erleichtern. Ein weiterer Bonus: Wenn die Struktur steht, lassen sich Aufgaben viel besser aufteilen, sodass alle Familienmitglieder eingebunden werden.

Jedes der Rezepte in diesem Buch habe ich ausprobiert. Dabei habe ich mir zusätzlich Gedanken gemacht, wie gesundes Essen alltagstauglicher werden kann, ohne dass es auf Kosten der Qualität oder des Geschmacks geht. **Eine Umfrage unter Eltern hat eindeutig ergeben: Planung und Struktur sind das A und O, damit es in der Küche rundläuft.** Regeln und Routinen helfen dir, damit du dir und deiner Vorstellung von einem Familienessen auch im stressigsten Alltag treu bleiben kannst.

Das hört sich jetzt vielleicht langweilig oder nach fehlender Spontanität an. In Wahrheit bildest du dir mit unseren Tricks jedoch ein tragfähiges Gerüst, das dir im Alltag Nerven und Zeit spart. Innerhalb dieser Struktur bleibt dann auch wieder Platz für Spontanität, wenn du es dir wünschst.

Weder das bisschen Haushalt noch das bisschen Kochen macht sich von allein. Es ist aber einfacher, als du jetzt vielleicht denkst. Lass das gemeinsame Essen wieder zu einem positiven Erlebnis werden, das euer Miteinander als Familie stärkt. Gemeinsames Essen steht nicht nur laut der dänischen Hygge – einer Lebensweise, die auf Zufriedenheit und Gemeinschaft beruht – im Zentrum des Familienlebens. Es sind die festen Zeitpunkte, zu denen alle Familienmitglieder zusammenkommen, gemeinsam essen, erzählen, manchmal streiten, lachen und vielleicht auch weinen. Zelebriere dieses Ritual jeden Tag und von klein an, und du stärkst euch alle.

Dieser Ratgeber hilft, diese Insel der Gemeinschaft auch angesichts stressiger Zeiten zu bewahren und daraus Kraft zu schöpfen. Das wünsche ich dir von ganzem Herzen.

HERAUSFORDERUNGEN FÜR ELTERN

Aus eigener Erfahrung und den Gesprächen mit anderen Eltern weiß ich, was die häufigsten Herausforderungen in der Familienküche sind. Die tägliche Frage nach dem Essen stellt viele Eltern vor Schwierigkeiten. Jeden Tag ein leckeres und gesundes Gericht auf den Tisch zu zaubern, ist im Alltagsstress nicht einfach.

In diesem Buch findest du einige praktische Rezepte für den bewegten Familienalltag. Vor allem erfährst du aber, wie du deinen Alltag so planst, dass du nach einer Weile die für dich und deine Familie passenden Rezepte parat hast. Im Anschluss findest du ohne Probleme schnell die Rezepte, die am besten in euren Alltag und eure Familie passen.

Das Thema Zeit beziehungsweise Zeitmangel ist eine weitere Herausforderung vieler Eltern. Das Leben mit Kindern ist turbulent. Daher ist dieses Buch einfach und schnell lesbar. Zusätzlich unterstützt es dich dabei, den Zeitmangel mit Planung und Organisation aktiv zu verringern.

Die meisten Eltern empfinden das von ihnen geforderte Multitasking als schwierig, und insbesondere beim Kochen mit jüngeren Kindern kann das zu einem Problem werden.

In diesem Buch findest du Ideen, wie du deine Kinder einbinden oder anders beschäftigen kannst, damit du nicht mehr multitasken musst.

Alle rezepte in diesem Ratgeber sind einfach, gesund und ohne komplizierte Zusätze. Sollten sie doch einmal etwas beinhalten, was jemand aus deiner Familie nicht verträgt, kannst du es entweder austauschen oder weglassen.

Auch wenn du ein Kind hast, das zu den sogenannten schwierigen Essern zählt, erhältst du Tipps, wie du damit gelassen umgehst und ihm mit passenden Gerichten gesundes Essen schmackhaft machst.

Viele Eltern sprechen über den Druck, ihre Familie bei allem Stress ausgewogen ernähren zu wollen. **Die Erwartungshaltung in dieser Richtung ist enorm gewachsen und Eltern haben einen sehr hohen Anspruch an ihre Alltagsküche.** Es soll gesund, regional und saisonal sein, und außerdem soll jedes Essen den Kindern schmecken und nach einer verspielten Sterneküche aussehen. Dieses Buch liefert dir Tipps für die Planung, durch die du im Alltag immer öfter die Ruhe bewahren kannst. Ganz nebenbei wirst du darin bestärkt, deinen eigenen

Anspruch zu hinterfragen und dir mehr Verspieltheit und Leichtigkeit zu erlauben. Du bist keine Maschine und es muss nicht alles perfekt sein. Manchmal sind andere Sachen wichtiger als die perfekte Küche, und dein seelisches Wohlbefinden spielt immer eine zentrale Rolle.

Gesunde Ernährung muss teuer sein – so lautet ein Vorurteil, das mir bei der Recherche und in den Gesprächen im Vorfeld dieses Buches häufig begegnet ist. Dieser Ratgeber zeigt aber, dass es auch anders geht. Das Ziel ist es, kostensparend und ausgewogen zu kochen.
Eine einseitig verteilte Aufgabenlast, auch «Mental Load» genannt, führt bei vielen Eltern dazu, dass sie sich müde und erschöpft fühlen. Mit diesem Ratgeber kannst du mit einmaligem Aufwand eine neue Struktur für dich und deine Familie entwickeln, um hierdurch langfristig mehr Zeit für andere Dinge zu haben. Und nicht nur mehr Zeit: Auch hinter die ausgewogene Ernährung kannst du ein Häkchen setzen und musst dir hierzu keine Gedanken und Sorgen mehr machen. **Das klassische Mittags- und Abendproblem mit der Frage «Was koche ich jetzt?» wird in deiner Familie der Vergangenheit angehören.**

VORTEILE EINES GUTEN SYSTEMS

In einer organisierten Küche hat jeder Gebrauchsgegenstand seinen festen Platz, an den er nach der Nutzung zurückgeräumt wird. So können alle Familienmitglieder die Küche gleichberechtigt nutzen. Je klarer dieses System ist, desto weniger zählt die häufige Ausrede «Ich weiß doch gar nicht, wo das ist, kannst du das nicht schnell für mich machen?». Gerade bei Teenagern und auch in einigen Partnerschaften ist ein allen bekanntes System die Rettung vor einseitigem Mental Load.

Eine klare Struktur erleichtert es dir außerdem ungemein, in einem häufig genutzten Raum wie der Küche dauerhaft Ordnung zu halten. «Ordnung» klingt in einem Buch über das Kochen vielleicht erst einmal seltsam. Aber gerade am Abend sind deine Akkus vermutlich leer und dir steht nicht mehr der Sinn nach einer langen Aufräum- und Putzaktion. Wenn du einmal ein System hast, das für dich gut funktioniert, minimiert sich der tägliche Aufwand. Das bedeutet, dass du am Abend statt einer halben Stunde vielleicht noch 10 Minuten brauchst, um am nächsten Morgen wieder in eine ordentliche Küche zu kommen.

> DU BIST KEINE MASCHINE UND ES MUSS NICHT ALLES PERFEKT SEIN

Du kannst auch einen Profi ins Haus holen, der dich dabei unterstützt. Bei solchen Ordnungscoaches liegt der Stundensatz häufig bei rund 80 Euro. Wenn dir dieses Investment zu hoch erscheint, lass dich einfach von diesem Buch an die Hand nehmen. Du räumst einmal deine Küche auf und schaffst eine neue Ordnung, die du garantiert langfristig beibehältst. Freu dich auf ein paar zusätzliche Hacks, wie du deine Küche an einigen Stellen «kinderfreundlicher» gestaltest und dir auch damit die Arbeit erleichterst.

Der erste Schritt hin zu einer aufgeräumten und organisierten Küche kann dich ein paar Nerven kosten – das soll an dieser Stelle keineswegs «schöngeschrieben» oder verschwiegen werden. Aber mit ein paar praktischen Profitricks und etwas Zeit für die Umsetzung profitierst du langfristig von aufgeräumten Arbeitsflächen und griffbereiten Utensilien für deine Arbeitsschritte.

PLANUNG IST DAS A UND O

Planung ermöglicht dir, sowohl einzelne Zutaten als auch ganze Mahlzeiten vorzubereiten. Nehmen wir hierzu kurz ein Beispiel aus dem Buch: Beim sogenannten «Meal Prep» erledigst du einige Aufgaben schon vorab und zusammen. Das kann bedeuten, dass du frisches Gemüse für die gesamte Woche vorschneidest und geschnitten einfrierst. Ebenso kann es heißen, dass du am Morgen alles für den Tag schneidest und dann separat einpackst.

So geht die Zubereitung eines Salates am Abend deutlich schneller. Wenn du allerdings erst am Morgen überlegst, was du für den Tag machen möchtest, kann dich Meal Prep stressen.

> DU SPARST ZEIT, GELD UND NERVEN

IST GESUNDES ESSEN AUFWENDIG?

Theoretisch wissen wir, dass gesundes Essen nicht aufwendig sein muss. Du kannst innerhalb von 30 Minuten eine leckere und gesunde Mahlzeit auf den Tisch bringen. Eine abwechslungsreiche Ernährung ist kein Kunststück. Was es Familien mit kleinen Kindern jedoch schwermacht, sind die fünfhundertdreizehn unterschiedlichen Aufgaben am Tag. All das strapaziert die Nerven, und der klassische Schlafmangel ergänzt all das nicht hilfreich.

Deswegen wird dir dieses Buch nicht einfach Rezepte an die Hand geben und dich damit alleinlassen. Rezepte mit schönen Bildern und das Reden über den Stellenwert von gesunder Ernährung führen oft zu einem hohen Druck – etwas, was in der Familienküche gar nichts verloren hat. Außer im Druckkochtopf sollte es in der Familienküche an keiner Stelle Druck geben. Deswegen geht es hier um eine gute Planung, ein zeitsparendes Management, eine Neu-Organisation einzelner Bereiche und **auch das Delegieren von Aufgaben,** damit du mehr Zeit mit deiner Familie hast und dir keinen Stress mehr machen musst.

DAS ERREICHST DU MIT DIESEM BUCH
Erinnere dich an das Gefühl eines sehr stressigen Tages: Du rennst der Zeit und jeder deiner Aufgaben hinterher und jede Millisekunde zählt. Stell dir jetzt bitte vor: Trotz dieses Stresses weißt du, was du kochen willst, hast hierfür alles im Haus und alle Materialien liegen griffbereit. Du musst sprichwörtlich nur noch die Zutaten in die Pfanne hauen und du sparst auch noch Geld.

> TROTZ DIESES STRESSES WEISST DU, WAS DU KOCHEN WILLST, HAST HIERFÜR ALLES IM HAUS UND ALLE MATERIALIEN LIEGEN GRIFFBEREIT

Die Methode in diesem Buch bedeutet **einmalig mehr Aufwand** für dich. Danach brauchst du etwas Disziplin und wirst dann jedoch spüren, dass dir die neue Routine nicht nur mehr Zeit für dich und deine Familie, sondern auch eine neue Gelassenheit schenkt. Bitte denke auch daran, dass du jedes Mal schneller wirst bei den einzelnen Punkten und gerade das Planen dir immer besser gelingen wird. **Der Dreisatz einer smarten Essensplanung lautet: Du sparst Zeit, Geld und Nerven.** Das klingt wunderbar, nicht wahr?

WIE SCANNE ICH EINEN QR-CODE EIN?
Um den QR-Code zu scannen, aktivierst du die Scan-Funktion an deinem Smartphone über eine QR-App oder die Kamerafunktion. Dann richtest du einfach die Kamera für einen kurzen Moment auf den QR-Code. Wenig später erscheint der Link.

Inhalt

START

SCHRITT 1
HILFE HOLEN
Seite 17 bis 39

SCHRITT 4
LAGERN
WIE EIN PROFI
Seite 52 bis 73

DER VORRATSSCHRANK	56
DER TIEFKÜHLER	60
DER KÜHLSCHRANK	70

SCHRITT 5
PLANUNG UND ORGANISATION
Seite 74 bis 103

WIE, WAS, WANN	82
– REZEPTKARTEN DIY	86
– ORDNUNGSKARTEN DIY	88
– WOCHEN-SCHLEMMERPLAN DIY	102

SCHRITT 2
KIDS ZONE
SEITE 21 BIS 39

DIE TIGER TAFEL	26
SPAß MUSS SEIN	34

SCHRITT 3
AUFRÄUMEN
SEITE 40 BIS 61

SCHRITT 7
KOCHEN
SCHNELL UND EINFACH
SEITE 114 BIS 159

6 ARTEN NAHRUNG HALTSAM ZU MACHEN	116
4 ZUBEREITUNGSARTEN	126
ZUBEREITUNGSARTEN-FORMEL DIY	156

SCHRITT 6
EINKAUFSLISTE
ERSTELLEN
SEITE 104 BIS 113

UNSERE EINKAUFSLISTE	108
SAISONKALENDER	110–113

ZIEL

1
2
3
4
5
6
7

HILFE
HOLEN

Jede Familie braucht ein tragfähiges Netzwerk, damit der Alltag sie nicht erschlägt. Bau dir diese Allianzen langsam auf und trau dich, Hilfe anzunehmen. Bei euch leben Großeltern oder Tanten oder Onkel in der Nähe? Wer könnte helfen, wenn du krank bist? Gibt es Paten oder andere Freunde, die vielleicht besondere Sachen mit dem Kind oder den Kindern unternehmen möchten? Sprich mit anderen Eltern, wie es ihnen geht. Welche Mütter oder Väter bieten sich als besondere Allianzpartner an? Zusätzlich lautet ein Grundsatz: Was du selbst tun kannst, tust du selbst, aber nimm deinen Kindern nicht alles ab. Rucksack packen und tragen, das Fahrrad putzen, den Geschirrspüler ausräumen – was du ihnen jetzt an Verantwortungsgefühl vermittelst, zahlt sich später aus.

ES BRAUCHT EIN DORF...

Je nach deiner Wohnlage kannst du dich zum Essen auch mit Freunden zusammentun, wenn das geschmacklich gut passt. Dabei gibt es verschiedene Möglichkeiten, wie so etwas aussehen kann.

FREUNDLICHER LIEFERSERVICE

Ihr könnt euch regelmäßig und abwechselnd zum gemeinsamen Essen verabreden oder ihr kocht füreinander und «liefert» euch das Essen. So bereitet jeder zwar eine größere Portion zu, kocht dafür aber an einem anderen Tag gar nicht. Der Aufwand ist dadurch nicht höher und es gibt immer eine kleine Überraschung, die so manchen Tag retten kann.

Wichtig: Hierbei soll kein Druck oder Wettkampf entstehen. Im Vordergrund stehen die gegenseitige Unterstützung und Zuneigung.

ZUSAMMEN ESSEN

Wenn ihr gerne sozial unterwegs sein möchtet, könnt ihr euch regelmäßig zum gemeinsamen Essen mit Freunden verabreden. Das kann beispielsweise ein Ritual am Freitag oder jeden letzten Freitag im Monat sein. Dabei könnt ihr euch auch abwechseln, in welchem Haus gekocht wird. Je nach Alter können eure Kinder vielleicht vor Ort schlafen oder dürfen einmal länger aufbleiben. Seid offen für Ideen, wie ein solches Event für euch konkret aussehen könnte.

AUSTAUSCH MIT ANDEREN ELTERN

Kochen ist keine Meisterschaft, die du allein bestreiten musst. Sprich ehrlich mit den Eltern in deiner Umgebung und frage sie, wie sie sich das Leben leichter machen. Auf diese Weise tritt sicher der ein oder andere praktische Hack in dein Leben und oftmals bekommst du so auch die besten Rezepte.

TIPP
Meine Allianzen

ANLEITUNG

Schreibe dir gleich hier im Buch, 10 Namen auf und überlege, wer was übernehmen könnte. Wer könnte spontan einspringen? Mit wem lässt sich regelmäßig planen? Denke auch an Notfälle, falls du einmal gesundheitlich ausfallen solltest. Hierbei ist wichtig, Hilfen anzunehmen und auch einzufordern. Wer sich zusammentut, gewinnt am Ende.

Des Weiteren gibt es auch Hilfsorganisationen, die z. B. Babysitter, Hilfe im Alltag anbieten, oder auch mit finanziellen Mitteln unterstützen. Informiere dich in deiner Umgebung und erstelle deine persönliche Liste.

ZUBEHÖR
Stift.

NAME	MÖGLICHE TÄTIGKEIT	WOCHENTAG
1		
2		
3		
4		
5		
6		
7		
8		
9		
10		

KIDS ZONE

Im Stress des Alltags fällt es dir vermutlich oft schwer, die Kids beim Haushalt einzubeziehen. Damit bist du nicht allein. Dieses Buch hilft dir, Routinen zu entwickeln und damit auch mehr Zeit und Nerven zum Einbeziehen deiner Kinder zu haben. Die Zeit und Nerven sind an dieser Stelle klug investiert, denn auf lange Sicht können sie dich super unterstützen. Je normaler es für deine Kinder ist, desto weniger Diskussionen hast du mit ihnen. In diesem Buch sind die Rezepte so gekennzeichnet, dass Kinder aktiv mithelfen können. Je nach ihrem Alter können sie sogar noch mehr beitragen.

Du findest hier viele Ideen, wie du deine To-dos erledigst und gleichzeitig aktiv Zeit mit deinen Kids verbringst.

Und wenn das mal so gar nicht klappen will – sei bitte nett zu dir. Morgen ist ein neuer Tag mit einer anderen Stimmung und vielleicht ein paar mehr Nerven.

KINDER SMART EINBINDEN

INDEM DU DEINE KINDER EINBEZIEHST, PROFITIERST DU DREIFACH
> Ihr habt gemeinsam Spaß und vertieft eure Bindung
> Sie lernen etwas und haben am Ende ein Ergebnis
> Du sparst langfristig Zeit

In der Lebensweise der dänischen Hygge, die auf Gemütlichkeit und Herzlichkeit abzielt, spielt das gemeinsame Essen eine große Rolle. Die gemeinsamen Mahlzeiten sind bei uns ein bisschen aus der Mode gekommen. Dabei ist es ein schönes und verbindendes Ritual, das dir und deinen Kindern eine wunderbare Pause mitten im Alltag gönnt. In entspannter Atmosphäre fällt es gerade älteren Kindern oft leichter, etwas von sich zu erzählen. Wenn du dieses Ritual frühzeitig in deinen Familienalltag integrierst, profitiert ihr langfristig alle davon.

Deine Kinder lernen spielerisch, dass Kochen dazugehört, und können durch altersentsprechende Aufgaben ihren Teil zum Gelingen einer leckeren Mahlzeit beitragen. Das stärkt ihr Selbstbewusstsein und entlastet dich nach und nach.

Gerade kleineren Kindern macht es viel Spaß, wenn sie dich beim Kochen unterstützen dürfen. Sie sind stolz, wenn sie bei den Erwachsenen-Aufgaben im Alltag einbezogen werden und dabei selbst eine wichtige Rolle spielen. Sie lernen nicht nur etwas über gesunde Ernährung und praktische Kochtechniken, sondern werden zugleich auch selbstsicherer.

Mit Kindern zu kochen, kann im Alltag je nach deinem Nervenkostüm und der vorhandenen Zeit stressig sein. Mach es dir deswegen nicht zu einer festen Verpflichtung. Vielleicht könnt ihr am Wochenende einen Termin einplanen, an dem ihr zusammen kocht und die Zeit hierfür auch wirklich da ist? Erlaube dir, im Alltag allein zu kochen, wenn dir danach ist und du nicht mehr reden kannst. Das ist besser, als schlecht gelaunt mit deinen Kindern zu kochen.

Je nach Alter können deine Kinder schon viel selbst. Sie brauchen für die einzelnen Schritte oftmals jedoch mehr Zeit. Auch deswegen ist ein gemeinsamer Termin am Wochenende sinnvoll. So können deine Kinder immer mehr dazulernen und werden Schritt für Schritt besser in allem.

Achte außerdem auf die jeweilige Persönlichkeit deiner Kinder: Vielleicht hast du ein Kind, das eine besondere ästhetische Gabe hat. Dann können Aufgaben, wie den Tisch zu decken oder eine Vorspeise kreativ zu arrangieren, eine große Freude sein. Oder ist jemand in eurer Familie, der einen besonders ausgeprägten Geschmackssinn oder auch großartige Ideen hat? Wenn ihr eure Stärken gegenseitig anerkennt, habt ihr viel mehr Freude im Alltag und jedes Mitglied eurer Familie hat die Möglichkeit zu strahlen.

Während das Mithelfen der Kinder zu Beginn mehr Zeit kostet, weil du vielleicht einzelne Schritte erklären oder auch begleiten musst, wird es langfristig Zeit sparen. Wenn du mit kleinen Kindern das gemeinsame Kochen beginnst, werden sie es später selbstverständlich finden, in der Küche zu helfen. **Deswegen ist es smart investierte Zeit in deine Helfer von morgen** – auch wenn sie anfangs vielleicht nur kleine Aufgaben übernehmen, wie dir einzelne Zutaten zu geben oder etwas mit einem Löffel umzurühren. Oder wenn sie einfach nur nah bei dir sind, mit dir schmusen und manchmal auch an der falschen Stelle stehen.

Schau hier, was du an einem Tag zeitlich und nervlich gut schaffst, und dann binde deine Kinder entsprechend ein.

WAS KANN WER?

Sprechen wr dieses Thema doch gleich näher an. Ab dem späten Kindergartenalter können deine Kinder eigenverantwortlich kleinere Aufgaben übernehmen. Das kann zum Beispiel der Gemüseputzdienst an einem Tag sein oder auch das Tischdecken. Ebenso muss der Tisch abgedeckt werden. Binde deine Kinder beim Verteilen der Dienste ein. Wenn du mehrere Kinder hast, achte darauf, dass nicht eines immer am schnellsten ist und sich den beliebtesten «Dienst» angelt. Eine gute Möglichkeiten hierfür ist, dass immer rotierend zuerst gewählt werden darf. (Nutze hierfür den Tipp auf Seite 26). Bei Kindergartenkindern ist ein Dienst in der Woche gut. Ältere Kinder können auch gut einen täglichen Dienst oder eine regelmäßige Aufgabe übernehmen.

Du kennst deine Kinder am besten – wie viel Hilfe brauchen sie bei den Aufgaben und was können sie selbstständig erledigen? Achte darauf, dass die Mithilfe so gestaltet ist, dass sie dich – zumindest nach einiger Zeit – auch entlastet.

Erweitert diese Liste gerne mit Aufgaben, die bei euch zusätzlich anfallen, beispielsweise Kräuter gießen oder Ähnliches. Bei kleineren Kindern kann es helfen, Karten vorzubereiten und mit deren Hilfe die Aufgaben zu verteilen.

NUTZT EURE STÄRKEN

In vielen Familien verteilen sich die Aufgaben eher nach einem Zufallsprinzip oder sind grundsätzlich unbesetzt. Dann gilt meist die «Letzte-Mann-Regel», was bedeutet, dass die am häufigsten anwesende Person es notgedrungen übernehmen muss. Das sorgt für Stress und Streit, die sich in den meisten Fällen vermeiden lassen.

Nutzt die Zeit des Aufräumens und Neu-Organisierens, um euch ehrlich über die Aufgaben rund um die Familienküche zu unterhalten und sie nach Stärken und Kapazitäten aufzuteilen. Wenn einer von euch leicht den Überblick behält, ist es sinnvoll, wenn diese Person das Management übernimmt. Achtet neben den Stärken aber auch auf eine gleichmäßige Belastung. Jeder Mensch lernt ein Leben lang und kann sich auch neue Fähigkeiten aneignen.

AUFGABEN IN DER FAMILIENKÜCHE
> Organisation
> Wochenplan erstellen
> Einkaufsliste
> Einkauf bestellen oder erledigen
> Vorräte im Blick behalten (abgelaufene Lebensmittel aussortieren und nachbestellen)
> Vorräte auffüllen

AUFRÄUMEN UND SAUBERKEIT
> Oberflächen regelmäßig säubern
> Müll entsorgen
> Geschirrspüler
> Tischdienste
> Boden saugen und wischen
> Schränke und Schubladen innen reinigen
> Handtücher austauschen
> Küche nach dem Kochen aufräumen
> Kochen
> Z. B. Meal Prep vorbereiten

KOCHEN
> Meal Prep
> Lebensmittel vorbereiten
> Kochen
> Lebensmittel haltbar machen

MITHILFE DER KINDER
In diesem Buch findest du immer wieder Tipps, wie du deine Kinder je nach Alter einbeziehen kannst. In den Rezepten sind die Stellen hervorgehoben, an denen deine Kinder dir helfen können. Wenn sie keine Lust dazu haben, findest du in diesem Kapitel auch einige Ideen, wie du sie anderweitig beschäftigen kannst. Sie können zum Beispiel Gemüse waschen, einfache Soßen und Suppen umrühren oder Zutaten schneiden und reiben. Achte beim Schneiden darauf, dass sie ein altersensprechendes Messer haben. Für die Kleinen gibt es sogenannte Lernmesser, die ihnen beispielsweise durch ein Gesicht zeigen, wie das Messer gehalten wird. Der Griff ist weicher und lässt sich von kleinen Kinderhänden gut fassen. Die Klinge ist weniger scharf als bei einem normalen Küchenmesser. Das klingt erst einmal übertrieben, aber so können deine Kinder selbstständig mit dem Messer hantieren und müssen eben nicht von dir korrigiert werden.

DIY
Die Tiger-Tafel
ÄMTCHENVERTEILUNG

WER IST HEUTE DER STARKE TIEGER?
Wenn du mit kleinen Kindern Organisation übst, helfen visuelle Unterstützungen immer. Sind diese besonders klar verständlich, können die Kinder sie selbstständig nutzen und sich hierüber gut mitteilen. Bei einer Tafel für die Organisation oder Ämtchen rund um die Familienküche gilt es, die Aufgaben gut zu wählen. Am besten eigenet sich eine magnetische Tafel*.

ANLEITUNG

1 Druckt die Vorlage: «Tiger-Tafel» mittels QR-Code aus. Wählt dazu die passende Papiergrösse aus (siehe QR-Code Beschreibung). Klebt anschliessend die Vorlage auf eine Magnettafel/-Folie*.

2 Ergänzt die Liste (links) mit Tätigkeiten, die ihr verteilen wollt.

3 Jedes Familienmitglied darf nun eine Tiger Farbe auswählen. Schneidet die Tiger und die Sterne aus und befestigt sie auf einer Magnetfolie*. Die Sterne werden an diejenigen vergeben, die freiwillig eine Aufgabe übernehmen. Diese sind dann die Zusatzpunkte.

Jetzt kann es losgehen :) Viel Spaß.

ZUBEHÖR
Kamera, Drucker, Magnetfolie, Stifte, Schere, Alleskleber.

TIGER-TAFEL
A4 (KLEIN)

TIGER-TAFEL
A3 (GROSS)

*Ihr könnt aber auch jede Woche alles neu ausdrucken. In diesem Fall wären Aufkleber besser geeignet.

KEINE EXTRAWURST

Eine große Herausforderung in einer Familie sind die verschiedenen Geschmäcker. Hierbei ist es wichtig, dass ihr als Familie einen gemeinsamen Plan habt, wie ihr damit umgeht und welche Regeln gelten sollen. Zuallererst sollten diese Regeln respektvoll sein: Meckern und das Schlechtmachen von Essen sind nicht okay und sorgen für miese Stimmung.

Manche Kinder sind skeptische Esser, wodurch sich alles rund um die Familienküche schwierig gestalten kann. Bleib an dieser Stelle ruhig und vermeide Machtkämpfe ums Essen. Mahlzeiten, die sich kombinieren lassen, können diese Situation entspannen: eine Soße extra, eine Gemüsebeilage extra und dann beispielsweise eine Portion Reis. So kann auch ein wählerischer Esser etwas für sich finden. Auch Salate zum Selbst-Zusammenstellen minimieren das Explosionsrisiko.

Du bietest Essen an und kannst dir überlegen, ob du die Regel einführen möchtest, dass jeder einmal probieren muss. Diese in Institutionen oftmals gängige Praxis ist bei vielen Kindern kein Problem. Wenn du jedoch ein Kind hast, das sehr empfindlich ist und vieles im Mund weder gern schmeckt noch fühlt, wäge an dieser Stelle bitte ab. Sei dir sicher, dass deine Rolle als Vorbild wichtig ist und dein Kind darüber eine gesunde Ernährung lernt. Es muss kein Gourmet werden und auch kein Freund von großen Experimenten. Für eine ausgewogene Ernährung braucht es nicht viele verschiedene Gerichte. Nimm an dieser Stelle den Stress raus und hab Vertrauen. Versuche mit smarten Rezepten, wie du kleineren Kindern Gemüse unterjubeln kannst.

DIESE NÄHRSTOFFE SIND FÜR DIE ENTWICKLUNG BESONDERS WICHTIG

Wer seine Zeit mit Kindern verbringt, bemerkt schnell, dass diese nicht nur über Nacht magisch zu wachsen scheinen, sondern auch den ganzen Tag in Bewegung sind. Die Wohnräume sind oft genug ein einziger Abenteuerspielplatz zum Rennen, Flitzen, Ducken, Krabbeln, Klettern und Springen, während draußen sowieso ohne Ende getobt wird. Bei so vielen neuen Erfahrungen wachsen auch das Gehirn und seine Verbindungen in einer Tour. Deswegen ist eine ausgewogene Ernährung mit den richtigen Nährstoffen so wichtig.

Eine ausgewogene Ernährung besteht aus unterschiedlichen Lebensmitteln. **Wenn der Teller bunt ist und verschiedene Nahrungsmittelgruppen enthält, ist das ein gutes Zeichen.** So unterstützt du die Entwicklung deiner Kids optimal. Erklär deinem Kind auch, warum buntes Essen für seinen Körper so wichtig ist. Die meisten Kinder finden dieses Thema spannend.

DIESE NÄHRSTOFFE SIND FÜR KINDER UND IHRE ENTWICKLUNG UNVERZICHTBAR:

EISEN
Dieses Spurenelement ist wichtig für die Blutbildung und die Gehirnentwicklung. Gute Quellen sind **tierische Produkte, Hülsenfrüchte, Vollkorngetreide, rote Beete** und der allseits bekannte **Spinat**.

JOD
Das Spurenelement ist entscheidend für die Funktion der Schilddrüse, über die viele Hormone reguliert werden. Dieses ist z. B. im **Salz** enthaten.

PROTEIN

Protein unterstützt maßgeblich das Wachstum und die Reparatur von Gewebe und Muskeln. Gute Proteinquellen sind zum Beispiel **tierische Produkte**, aber auch **Hülsenfrüchte** und **Nüsse**.

KOHLENHYDRATE

Wer so viel in Bewegung ist, braucht viel Energie. Deswegen sind Kohlenhydrate für Kinder entscheidend. Als Quellen eignen sich **Obst, Gemüse, Kartoffeln, Nudeln** oder **Reis**, aber auch **Brot**. Achte dabei auf hochwertige Kohlenhydrate mit wenig Industriezucker.

FETTE

Weitere Energie für die kleinen Abenteurer bieten Fette. Außerdem sind sie wichtig, um fettlösliche Vitamine wie Vitamin A, Vitamin D oder Vitamin E aufzunehmen. Auch hierbei gilt es, auf hochwertige Fettquellen zu setzen. Perfekt sind **Avocado, Fisch, Nüsse, Olivenöl** oder auch **Samen**.

BALLASTSTOFFE

Für eine gesunde Verdauung sind Ballaststoffe notwendig. Lebensmittel wie **Haferflocken, Gemüse, Obst** und **Vollkornbrot** enthalten diesen bedeutenden Nährstoff für den Darm.

CALCIUM

Knochen und Zähne brauchen Calcium, insbesondere in der Zeit des Wachstums. Gute Quellen sind **Milchprodukte**, aber auch **grünes Gemüse, Mandeln** oder **Pflanzenmilch**.

VITAMINE

Bei Kindern sind vor allem die Vitamine A, B, C und D gefragt, die für ein gesundes Wachstum und die allgemeine Entwicklung von Körper und Gehirn unverzichtbar sind. Sie finden sich beispielsweise in **Fleisch, Gemüse, Milchprodukten** und **Obst**.

DER AUSGEWOGENE TAGESBEDARF

Viele Eltern sind unsicher, ob die Familienernährung ausgewogen genug ist. Generelle Empfehlungen für eine ausgewogene Ernährung bei Kindern lauten:
> **Jeden Tag sollten Obst und Gemüse die Hälfte des Essens ausmachen.**
> **Vollkornprodukte, mageres Fleisch, Fisch, Hülsenfrüchte und Nüsse gehören regelmäßig zu den Mahlzeiten.**
> **Täglich gehören Milchprodukte oder andere Calciumquellen auf den Speiseplan.**
> **In Maßen dürfen süße und fettige Speisen verzehrt werden.**
> **Gerade bei Kindern ist außerdem Trinken sehr wichtig. Ideal ist hierbei Wasser, da es keine Kalorien enthält und die Zähne nicht angreift.**

Ein häufig genannter Grundsatz lautet: **5 am Tag.** Er bedeutet, dass jeder Mensch am Tag **fünf Portionen Obst und Gemüse** braucht. Am besten ist eine Aufteilung mit zwei Portionen Obst und drei Portionen Gemüse. Eine Portion bemisst sich an der eigenen Handfläche, was auch Kindern hilft, ihre Portionen zu überprüfen. Dein Kind kann einfach eine Schale mit seinen Händen formen und sehen, wie viele Beeren, Apfelschnitze oder auch Mangostücke hineinpassen.

RICHTIG WÜRZEN

Bei Salz, Pfeffer und anderen Gewürzen ist in der Familienküche Zurückhaltung gefragt. Allerdings kannst du problemlos Kräuter hinzufügen. Hierfür kannst du beispielsweise ein kleines Kräuterbeet auf der Fensterbank oder im Garten anlegen. Dankbare Kräuter sind: Basilikum, Koriander, Minze, Petersilie und Schnittlauch. Rosmarin und Thymian sind insbesondere für kleinere Kinder nicht geeignet. Lass deine Kids an den Kräutern riechen und sie probieren.

Hier gibt es unterschiedliche Meinungen.

DER MAGISCHE GEMÜSETRICK

«Bääähhh, da ist etwas Grünes auf meinem Teller.» Ein Großteil der Kinder mag kein Gemüse oder ist zumindest skeptisch, wenn es auf dem Teller auftaucht. Was kannst du tun, damit dein Kind es trotzdem isst? Das ist gar nicht so schwer, denn Kinder orientieren sich an ihren Vorbildern. Bleib also entspannt und iss einfach selbst Gemüse. Biete es in den unterschiedlichsten Formen an und zeige deinem Kind so, dass es lecker ist. Probiere auch verschiedene Zubereitungsarten aus. Manche Kinder lieben Rohkost, essen aber sehr ungern gekochtes Gemüse.

FOLGENDE WEITERE TIPPS KÖNNEN HELFEN, UM HARTNÄCKIGE GEMÜSEVERWEIGERER ZU ÜBERZEUGEN:

> Biete eine kleine Auswahl an Gemüse an: Wenn Kinder wählen können, sind sie oft kooperativer mit dir und dem Gemüse. Dieses Mitspracherecht erstickt viele Diskussionen im Keim.
> Gestalte das Gemüse: Gemüse ist perfekt geeignet für fantasievolle Formen zur Dekoration. Vielleicht krabbelt eine Bohnenheuschrecke über den Teller deines Kindes oder das Gemüse wird zu einem Gesicht? Kinder lieben Geschichten und Bilder, die ihre Fantasie anregen.
> Bezieh sie ein: Wenn Kinder das Essen mitzubereitet haben, sind sie oftmals viel eher bereit, es zu probieren. Sie können Gemüse waschen oder schneiden und vielleicht sogar garen. Erkläre ihnen die einzelnen Schritte und binde sie aktiv ein.
> Füge das Gemüse ein: Das ist ein kleiner Trick, um auch kritische Geister in den Genuss von Gemüse einzuführen. Du fügst das Gemüse in ein Gericht ein, das dein Kind bereits kennt und mag, beispielsweise in eine Soße für Nudeln oder in eine Pizza. Zum Beispiel kannst du rote Beete püriert in eine Tomatensoße geben.
> Wiederholung: Neue Gerichte müssen manchmal bis zu 10-mal auf dem Tisch stehen, bis Kinder sie akzeptieren. Es kann sich aber lohnen, dranzubleiben und ein Essen weiter anzubieten.

NEUE FARBE GEFÄLLIGST?

Um einen bunten Teller zu zaubern, gibt es einen Trick, mit dem man Zutaten ganz natürlich im Handumdrehen einfärben kann.

VERWENDE DEN SAFT VON ROTEN RANDEN, UM GERICHTEN WIE COUSCOUS ODER PASTATEIG EINE PINKFARBENE NOTE ZU VERLEIHEN.

TOMATENSUGO ODER TOMATENPÜREE KÖNNEN EBENFALLS BEIM EINFÄRBEN HELFEN. FÜGE ETWAS TOMATENPÜREE ZUM GRUNDTEIG FÜR PASTA HINZU, UND SCHON HAST DU ORANGEFARBENE TAGLIATELLE.

SPINAT KANN BEIM KOCHEN VIEL FEUCHTIGKEIT ABGEBEN UND EIGNET SICH DAHER HERVORRAGEND, UM VIELE GERICHTE GRÜN EINZUFÄRBEN. WIE WÄRE ES BEISPIELSWEISE DAMIT, SPINAT IN DEN RAVIOLITEIG EINZUARBEITEN?

KURKUMA VERLEIHT SOWOHL GEKOCHTEN ALS AUCH GEBACKENEN SPEISEN, WIE ZUM BEISPIEL REIS ODER BROT, EINE WUNDERSCHÖNE GELBE FARBE. ZUDEM KANN MAN MIT KURKUMA MILCHGETRÄNKE ZU ECHTEN HINGUCKERN MACHEN.

SPASS muss SEIN

Es gibt Tage, da funktioniert es nicht mit dem gemeinsamen Kochen. Entweder steht deinen Kindern gerade gar nicht der Sinn danach oder du brauchst eine kleine Auszeit vom Sprechen, Zuhören und Beobachten. Beides ist in Ordnung.

Gerade an sehr vollen Tagen kann das Zubereiten und Kochen eine wichtige Insel für dich sein. Bitte hab kein schlechtes Gewissen, wenn du bewusst die Entscheidung triffst, ohne deine Kinder zu kochen. Manchmal reichen die Nerven nicht und da ist es wertvoll, auf dich zu schauen und mit deinen Ressourcen gut umzugehen. **Bitte lös dich von der Vorstellung, dass immer alles in perfekter Harmonie laufen muss und du sonst versagst.** Achte auf deine Bedürfnisse und deine Speicher. Du machst es wunderbar, liebe Mama oder lieber Papa , und bist sowieso immer die beste Mama oder der beste Papa für deine Kinder.

Damit das Kochen ohne Kinder funktioniert und du nicht permanent von der Seite angesprochen wirst, findest du hier ein bisschen Ablenkung für deine Kids. Mit diesen kleinen Aufgaben haben sie trotzdem eine schöne Zeit und sind versorgt. Du kannst die Vorlagen aus dem Buch ausdrucken, damit deine Kinder sie häufiger nutzen können, oder du gibst ihnen direkt das Buch.

ZUM AUSMALEN

TIPP
Die Küchenkiste

Für die Zeiten, in denen sich keine altersgerechte Tätigkeit für deine Kinder findet, kannst du eine Küchenkiste einführen. So können sie trotzdem dabei sein und sind zugleich aber beschäftigt.

ANLEITUNG

Suche eine Kiste. In dieser befinden sich dann Spielzeuge oder Bücher, die es nur gibt, wenn du kochst. Wichtig: Es müssen Sachen sein, die dein Kind richtig gut findet und die es allein machen kann. Wenn es für dich okay ist, könnt ihr auch gemeinsam Musik oder Hörbücher beim Kochen hören. Paralleles Malen oder Kneten kann deinen Kindern außerdem helfen, zur Ruhe zu kommen. Auch Karten- oder Brettspiele können sich anbieten, beispielsweise wenn du einen Auflauf machst. So verbringt ihr die Wartezeit gemeinsam.

Wenn deine Kinder noch sehr klein sind und deine Nerven vielleicht sehr strapaziert, kannst du dir für diese Momente Freunde oder Verwandte einladen. Sie können mit den Kindern im Haus spielen, sie einen Moment tragen oder anders Zeit mit ihnen verbringen. Gerade kleine Kinder brauchen permanente Aufsicht, und das kann beim Kochen schwierig sein. Achte immer darauf, dass deine Kinder nicht in der Nähe des heißen Herds oder Backofens spielen und die scharfen Messer außerhalb ihrer Reichweite sind.

ZUBEHÖR
Eine Kiste und spezielle Spielzeuge

SPIEL
Kalt/Warm Spiel

Gerade wenn du mehrere Kinder hast, hilft es manchmal, wenn du ihnen einen Vorschlag zum Spielen gibst.

ANLEITUNG

Beim Kalt-Warm-Spiel versteckt je ein Kind einen kleinen Gegenstand und das andere Kind oder die anderen Kinder suchen danach. Hierbei geben sich die Kinder Hinweise mit den Bezeichnungen «kalt» und «warm». Der Gegenstand kann alles Mögliche sein – ein Stein, ein kleines Kuscheltier oder eine Spielfigur. Lass deine Kinder selbst überlegen, was sie gerne verstecken möchten, oder unterstütze sie sonst mit einer Idee.

Wichtig: Die Küche sollte tabu sein, damit du dort wirklich in Ruhe kochen kannst. Zudem reduzierst du mit dieser simplen Regel die Unfallgefahr.

VARIANTE: SCHATZSUCHE

Manches Mal brauchen Kinder ein wenig mehr Motivation, um ein Spiel zu beginnen. Du kannst dieses Spiel mit identischen Regeln dann zur Schatzsuche erklären. Vielleicht gibt es einen besonderen Gegenstand, der sich zum Verstecken anbietet? Deine Kinder können in die Rolle von Piraten schlüpfen, die sich immer wieder gegenseitig den Schatz «rauben». Wenn sie Spaß an Rollenspielen haben und ihr Kostüme im Haus habt, können sie sich auch zusätzlich verkleiden.

EXTRA-TIPP

Wenn du schon Erfahrungen mit dem Spiel hast und abschätzen kannst, wie lange sie pro Runde brauchen, kannst du ihnen eine «Belohnung» in Aussicht stellen, beispielsweise nachdem sie den Schatz fünfmal gefunden haben. Das kann ein leckerer Nachtisch sein, wenn du ihn bereits im Haus hast und er nicht mehr Aufwand bedeutet, oder auch eine gemeinsame Geschichte, die ihr nach dem Essen zusammen lest.

SPIEL

Tiere raten

Meine Kinder lieben das Spiel «Tiere raten». Damit haben sie irgendwann mal beim Abendbrot angefangen und seitdem riesige Freude daran.

ANLEITUNG

Ein Kind überlegt sich ein Tier und gibt zwei allgemeine Hinweise dazu. Diese könnten zum Beispiel lauten: Das gesuchte Tier lebt an Land und ist ein Jäger. Das andere Kind oder die anderen Kinder dürfen nun reihum je eine Frage stellen, die wahrheitsgemäß beantwortet werden muss.

Wichtig: Vorher solltet ihr ein paar Regeln klären. Das Ziel ist es, dass die anderen das Tier erraten. Es soll schwer, aber nicht unlösbar sein. Das Tier soll also immer nur so schwer zu erraten sein, dass alle Kinder mitmachen können. Bei mir wurden irgendwann Dinosaurier und Urzeittiere ausgeschlossen, weil nur ein Kind wirklicher Experte war und die anderen im Leben nicht auf einen Diprotodon gekommen wären.

AUF– RÄUMEN

Ist Ordnung bei dir ein Thema mit Bauchschmerz-Garantie? Die meisten Menschen scheuen sich, ihr gemütliches Chaos anzugehen, und halten sich bei Struktur für talentfrei. Dabei ist es hier wie bei so vielem: Übung macht den Meister. Schwer ist es nur, solange du noch nicht richtig gelernt hast, wie es für dich am besten funktioniert, und es noch nicht «Klick» gemacht hat. In diesem Kapitel wirst du an die Hand genommen und erfährst, wie du in deiner Küche ein System entwerfen kannst, damit du nicht dauerhaft von Chaos umgeben bist und alle Schritte schneller gehen.

Wer eine leere Arbeitsfläche hat, kann direkt loslegen. Wer weiß, wo alles ist, kann besser Vorräte überprüfen und schneller kochen. Ordnung bedeutet für dich: Freiheit im Kopf. Dieses Kapitel bedeutet einmalig Aufwand für dich, aber danach profitierst du in deinem Alltag. Versprochen.

EXTRA–TIPP

Wenn dich aufräumen sehr stresst, bitte jemanden, mit deinen Kids etwas zu unternehmen. Nimm dir mehrere Stunden Zeit und räume einmal intensiv auf. Vielleicht können deine Kinder ein Großeltern-, Tanten- oder Onkel-Wochenende machen, sodass du nicht hetzen musst, sondern dich in Ruhe dieser Aufgabe widmen kannst. Und: Sofern du nicht alleinerziehend bist, binde auch deinen Partner ein.

AUFRÄUMEN MIT SYSTEM

Ordnung halten ist in Familien oft eine besondere Herausforderung, da schnell zahlreiche Sachen zusammenkommen. Mit einem Baby ziehen meist viele zusätzliche Haushaltsgegenstände ein, die einen Ort brauchen. Dann werden die Kinder größer und haben vielleicht Melamingeschirr oder backen gerne. Oft genug ist auch das Zusammenziehen ein Grund dafür, dass es mit einem Mal viele Gegenstände im Haushalt gibt, die noch dazu doppelt vorhanden sind. Oder etwas liegt vergraben und vergessen weit hinten im Schrank und wird in der Eile neu gekauft. Das ist unnötiges Geld und am Ende verschenkter Raum, denn meistens wächst die Küche nicht parallel zu diesen Ereignissen und die Flächen stehen schnell voll.

Gerade in der Anfangszeit mit Baby und kleinen Kindern bleibt keine freie Zeit zum Aufräumen. Sie muss sich bewusst genommen werden. Mach dafür ein Date mit dir, deiner Küche und, wenn vorhanden, deinem Partner/deiner Partnerin.

Wenn ihr einmal nach einem System für Ordnung gesorgt habt, geht es danach im Alltag superschnell und easy. Der erste Trick besteht in freien Ablageflächen, durch diem jeder Raum direkt ordentlich aussieht.

DIE MAGISCHE ORDNUNGSFORMEL

> KENNE JEDEN GEGENSTAND UND SEINEN ORT IN DER KÜCHE

Sortiere hierfür Gleiches zu Gleichem, damit du es leichter findest. Alles hat seinen Platz.

In einer Familienküche ist alles hilfreich, was für eine schnelle Übersicht sorgt. Ein gutes Beispiel sind offene Regale. Hier sehen alle Familienmitglieder mit einem Blick, was wo steht. Sorge dabei für gleiche Behälter, damit es ruhig wirkt. Viele verschiedenartige Behältnisse sorgen schnell für eine optische Unruhe, die du vermeiden solltest. Zudem variieren die Größen in der Küche zwangsläufig, sodass zumindest die Optik gleich sein sollte. Aller Anfang ist schwer. Gerade beim Thema Aufräumen halten uns alte Glaubenssätze häufig davon ab, damit zu beginnen: «Ich kann sowieso keine Ordnung halten», «Aufräumen lohnt sich bei mir eh nicht» oder «Das Chaos werde ich nie in den Griff bekommen». Wenn deine Sätze ähnlich lauten, hol dir aktiv Unterstützung für den Start. Halte dich an Freunde, denen Aufräumen liegt und die in ihrem Zuhause ein gutes System haben. Nehmt euch gemeinsam 3 Stunden Zeit und legt los. Wenn deine Kinder im Kleinkindalter sind, versuch möglichst, ohne sie aufzuräumen, entweder am Abend oder zu einem Zeitpunkt, wo sie nicht da sind. Sorge dafür, dass du ein ausreichend großes Zeitfenster zum Aufräumen hast, um es dir leichter zu machen. Bei Kindern ab dem Vorschulalter kann es sinnvoll sein, die Küche gemeinsam aufzuräumen. Die Kinder lernen dabei direkt die Struktur kennen. Außerdem sehen sie, dass nicht nur sie aufräumen, sondern auch die Erwachsenen. Bitte sei dir sicher – dieser erste Schritt ist schwer und dauert auch einen Moment. Im Alltag wirst du durch diese Vorarbeit jedoch jeden Tag Zeit sparen. Nach einer Umstellungszeit wird es zur Gewohnheit, alles an seinen Platz zu räumen. Deine Küche wird anders aussehen, und dir wird es dort anders gehen.

WENIGER IST MEHR

Vielleicht ist es gerade finanziell eng bei dir und aufeinander abgestimmte Behältnisse liegen nicht im Monatsbudget. Dann reicht es genauso, wenn du einfach nur aufräumst. Die Behältnisse sind das Sahnehäubchen und sorgen optisch für Entspannung. Mit ihnen hast du einen besseren Überblick und kannst einen Vorrat anlegen. Aber bitte: Pass jeden dieser Schritte an deine aktuelle Situation und dein Portemonnaie an. Dein Typ ist beim Aufräumen ein entscheidender Faktor. Wenn du sehr ordentlich bist, kannst du das noch steigern, wie in Schritt 2 und 3 beschrieben. Bist du dagegen eher unorganisiert, reicht bereits der erste Schritt für den Start aus, um den Tatort Küche in einen Wohlfühlort zu verwandeln.

TIPP
1x Anfass-Regel

Achte einmal bewusst darauf, wie oft du Gegenstände in deinem Alltag anfasst, wieder ablegst und dann wieder in die Hand nimmst. Ordnung und Struktur helfen Familien im Alltag enorm. Wenn du dich zu mehr Effizienz «erziehst», sparst du langfristig Zeit und Nerven. Erledige Dinge sofort und räume Sachen direkt weg, statt sie irgendwo abzulegen.

ANLEITUNG
Achte heute einmal bei allem, was du anfasst, genau darauf, wie du damit umgehst. Wenn du beispielsweise die Schere holst, um etwas an der Kleidung deiner Kinder abzuschneiden, legst du sie direkt zurück. Du packst gerade die Wickeltasche und dir wird etwas zugerufen? Bringe deine begonnene Arbeit erst zu Ende und gehe erst danach in die nächste Situation. Das gilt natürlich nicht für Notsituationen, aber du erleichterst dir deinen Alltag enorm, wenn du nicht mehr jeden Arbeitsschritt unterbrichst, sobald jemand nach dir ruft. Denn sonst hast du am Ende zig angefangene Aufgaben und weißt gar nicht mehr, was du wann gemacht hast und was du noch erledigen musst. Deine Kinder werden das von dir lernen und auch für sich übernehmen.

Und, wie geht es dir damit?

ZUBEHÖR
Nichts

TIPP
Alles muss raus

Dieser erste Schritt ist schwierig und sorgt für eine anfängliche Verschlimmerung. Lass dich hiervon nicht verunsichern, wenn du mitten im Chaos all deiner Sachen stehst. Du wirst das besiegen.

ANLEITUNG

Du beginnst mit dem Leeren aller Schränke, Schubladen und Regale. Im Idealfall stellst du alles auf einen Tisch, damit du es dort sortieren kannst. Jetzt saugst und wischst du alle Schränke und Schubladen aus. Bessere außerdem eventuelle Macken aus, beispielsweise eine quietschende Tür oder abblätternde Farbe am Holzregal.

Überlege bei diesem Schritt schon, wie du tiefe Schränke übersichtlich einräumst. Kleine Ordnungshelfer wie sogenannte Podest Einsätze oder Teleskopeinsätze können hilfreich sein, damit du auch die hinteren Vorräte oder Gegenstände im Blick behältst.

ENTSORGE ALTES UND ABGELAUFENES
In fast jeder Küche finden sich Lebensmittel, die seit zwei Jahren abgelaufen sind. Vielleicht hast du sie für dieses eine Plätzchenrezept gekauft, bevor ihr alle mit Magen-Darm flach gelegen habt. Jetzt ist der Zeitpunkt, sich davon zu trennen. Frage dich bei allem, wo du unsicher bist, ob du es vermisst, wenn es weg ist. Bist du dir bei Geräten nicht sicher, räume sie für zwei Monate weg und markiere dir den Termin im Kalender. Wenn du das Gerät bis dahin nicht aktiv benötigt oder nicht einmal daran gedacht hast: Trenn dich.

Bündle deine Vorräte nach der Art der Zutaten. Alle Sorten von Nudeln, Reis, Nüssen, Süßem oder Backzutaten werden jeweils zusammen weggeräumt.

ZUBEHÖR
Nichts

EINRÄUMEN MIT SYSTEM

Das ist der wichtigste Schritt auf dem Weg in eine organisierte Küche. Ein gut verständliches System in den Küchenschränken sowie im Kühl- und Gefrierschrank hilft nicht nur dir im Alltag. Es ermöglicht auch, dass alle Familienmitglieder die Küche aktiv nutzen können. Wenn bei allem klar ist, wo es hingehört, kann jeder es wiederfinden und auch entsprechend wegräumen. Vom Einkäufe-Verstauen über den Zwischensnack bis hin zur Mahlzeit – jedes Familienmitglied kann sich in einer organisierten Küche sicher und gut zurechtfinden.

Du hast zwar bei Schritt 1 bereits aussortiert, doch auch jetzt beim Einräumen schaust du dir die Gegenstände kritisch an. Sortiere sie vor dem Einräumen in 3 Kategorien:

> **KATEGORIE 1**
> Brauchst du täglich oder so gut wie täglich.
>
> **KATEGORIE 2**
> Brauchst du nicht täglich, aber sehr regelmäßig.
>
> **KATEGORIE 3**
> Saisonale Artikel wie beispielsweise Backförmchen.

Diese Sortierung lässt sich nicht allgemein vorgeben. Während in der einen Familie ein Entsafter beispielsweise lediglich ein- bis zweimal im Jahr bei einer Saftkur zum Einsatz kommt und damit **Kategorie 3** wäre, kann er in der nächsten Familie einmal die Woche für ein schönes Familienfrühstück genutzt werden und wäre damit **Kategorie 2**.

Sobald du deine Kategorien zusammengestellt hast, nutzt du die hinteren und oberen Plätze in deinen Schränken für die **Kategorie 3**. Auch innerhalb von **Kategorie 3** kann es passende Einzelkategorien geben, wie beispielsweise Weihnachten, Saftkur oder Einkochen. Finde die entsprechenden Unterkategorien für dich und überlege, ob diese noch ein besonderes Behältnis brauchen, in dem sie zusammen aufbewahrt werden. So hast du im Bedarfsfall alles mit einem Griff bei dir. Zum Beispiel können alle Förmchen für Weihnachten in eine Kiste oder eine durchsichtige Box gelegt werden.

Wenn du geschlossene und undurchsichtige Behältnisse nimmst, ist eine gut sichtbare Beschriftung wichtig. Mehr zum Thema «Beschriften und Dekorieren» findest du auf Seite 48. Behältnisse ermöglichen bei der Lagerung die optimale Nutzung des vorhandenen Raums, da du sie auch aufeinanderstapeln kannst.

Beim Einräumen der Artikel aus Kategorie 2 solltest du bereits darauf achten, sie möglichst dort zu lagern, wo sie auch zum Einsatz kommen. Denk aber beim Einsortieren daran, dass du noch ausreichend Platz für die Gegenstände deines täglichen Bedarfs brauchst. Auch hier kannst du thematisch zusammengehörige Artikel in Boxen und Kisten lagern. Bei Backartikeln ist es beispielsweise sinnvoll, Dekoartikel in eine Box zu legen oder kleine Packungen wie Backpulver und Vanillezucker in einem gemeinsamen Behältnis aufzubewahren.

Wenn du bei **Kategorie 1** angekommen bist, kannst du auch hierfür entsprechende Boxen oder Kisten packen. Achte dabei besonders darauf, dass du die zusammengehörenden Artikel mit einem Griff bereit hast.

EXTRA–TIPP

Überlege, ob zusätzliche Regale mit geringer Tiefe oder Aufhänger sinnvoll sind. Dort sollten ausschließlich Artikel des täglichen Bedarfs hängen oder stehen, beispielsweise eine Allzweckschere oder Topflappen. Brauchst du einen Flaschenöffner lediglich bei Feiern, muss er nicht griffbereit liegen. Achte gerade bei offenen Lösungen in deiner Küche darauf, dass hier nur das steht oder hängt, was du wirklich sehr regelmäßig benötigst.

DIY Vorratsgläser beschriften

Wenn du deine Schränke wieder einräumst, ist die Übersichtlichkeit der entscheidende Faktor beim Ordnunghalten. Eine Küche ist in einer modernen Familie ein Gemeinschaftsraum, in dem sich alle Familienmitglieder unabhängig bewegen. Damit das System funktioniert, muss es klar sein. Wenn du Lebensmittel wie Mehl oder Zucker aus ihren Packungen umfüllst, umgehst du zusätzlich das lästige Problem der Lebensmittelmotten. Eine klare Beschriftung ist bei der Vorratshaltung insbesondere in einem Mehrpersonenhaushalt das A und O.

ANLEITUNG

Besorge dir erst einen Grundstock an Vorratsgläsern (secondhand oder neu). Du kannst sie dann auf verschiedene Weise beschriften: von Hand mit einem Pinsel oder wasserfesten Filzstiften oder z. B. mit Etiketten. Auf YouTube finden sich viele Inspirationen dazu (siehe QR-Code). Das Gute ist, dass die Kinder super mitgestalten können. Der Fantasie sind keine Grenzen gesetzt. Die Kinder können z. B. Sticker aufkleben, oder ihr könnt die Gläser mit Acrylfarbe bemalen – ganz nach eurem Geschmack.

AUF DAS GLAS GEHÖREN Z. B. DIE FOLGENDEN INFORMATIONEN:
Was ist drin? Bis wann ist es haltbar? Wie ist die Zubereitungszeit? Optional: Wie wird es zubereitet?

INSPIRATION AUF YOUTUBE

INSPIRATION AUF PINTEREST

Bei der Zubereitungszeit ist es gerade bei Produkten wie Nudeln wichtig, die Garzeit der speziellen Sorte aufzuschreiben. Sonst kann die Zubereitung schon mal in die Hose gehen. Bei Lebensmitteln wie Reis, Bulgur oder Milchreis kann es sinnvoll sein, die Art der Zubereitung dazuzuschreiben, beispielsweise das Mischverhältnis von Wasser und Reis bzw. Reis und Milch, oder auch spezielle Gewürze, die hinzugefügt werden.

Wenn du eine schnellere Lösung mit weniger DIY bevorzugst, sind vorgefertigte Etiketten perfekt geeignet. Diese sind in der Regel wasserdicht. Es gibt viele verschiedene Optionen im Internet, die ich wärmstens empfehlen kann. Ich habe z. B. ein passendes Set auf Amazon gefunden (siehe QR-Code).

ZUBEHÖR
Vorratsgläser
Je nach Geschmack: Wasserfester Filzstift, Etiketten, Acrylfarbe, Pinsel, Sticker

*Anzeige
ETIKETTEN KAUFEN*

EXTRA-TIPP

Familienlieblinge
Manchmal gibt es Lieblinge in der Familie, die auf eine bestimmte Art und Weise zubereitet werden. Schön ist es, wenn sich ein solcher Hinweis als «Extra» bei einer entsprechenden Zutat findet. Solche kleinen Extras machen eine Küche zu einer richtigen Familienküche. Zu diesem Thema finden sich online unzählige DIY-Ideen, von denen du dich inspirieren lassen kannst.

TIPPS

2 Ordnungsherlfer

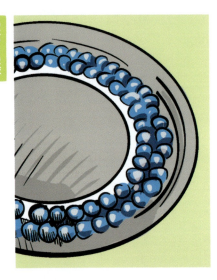

ANLEITUNG

DIY-DREHSCHEIBENTELLER
Dieser Basteltipp ist nicht nur genial für Küchenschränke, sondern kann mit wenig Aufwand und dazu noch sehr günstig gemacht werden. Kinder im Kindergarten- und Grundschulalter finden dieses kleine DIY spannend und beteiligen sich gerne.

So wird's gemacht
Der eine Unterteller bildet die Unterlage. Den Rand eines Papptellers herausschneiden und mit dem «Gesicht nach unten» in den Untersetzer legen. Dann die Murmeln hineinfüllen.

ZUBEHÖR
Zwei gleich große Blumentopfuntersetzer mit Rand oder Teller oder Backbleche (die Grösse kann selber bestimmt werden), gleich große Murmeln (die Anzahl variiert je nach Durchmesser des Untersetzers), einen Pappteller

EXTRA–TIPP

Du kannst die Teller erst mit deinen Kindern bemalen – so wird das Drehen noch schöner.

AUFRÄUMEN

PFANNEN-DECKEL-HACK

Wie sieht das Innere eurer Küchenschubladen aus? In den meisten Schubladen steckt viel Optimierungsbedarf, damit alles in der Küche rundläuft. Dieser kleine Hack hilft dir, Töpfe, Pfannen und Deckel sauber und platzsparend in den Schubladen zu verstauen. Hierfür gibt es sogenannte Topfsammler, die du in deine Schubladen einfügst und mit denen du alles ordentlich unterbringen kannst.

Warum ist das ein wunderbarer Hack in einer Familienküche? Je klarer es ist, wie die Sachen gestellt oder gelegt werden, desto besser können alle Familienmitglieder mithelfen. Ob es um das Wegräumen von Geschirr oder die Vorbereitung für das Kochen geht – eine klare Struktur hilft an dieser Stelle allen Beteiligten. Außerdem klemmt so auch nicht die Schublade, wenn eines der Kinder den Geschirrspüler ausgeräumt hat.

ZUBEHÖR

Topfsammler z. B. von Ikea (verstellbare Modelle lassen sich flexibel an jede Schublade anpassen)

LAGERN
WIE EIN PROFI

Damit die Lebensmittel in der Familienküche lange haltbar sind, ist die Lagerung wichtig. Einige Lebensmittel brauchen es kühl und schattig, andere dürfen nicht zusammenliegen. Klingt kompliziert? Die Lagerung ist ein bisschen wie eine gute Sitzordnung bei einem Event – am Anfang schwierig, aber dann ein Selbstläufer.

EIN KÜHLER LAGERPLATZ

sorgt für eine bessere Haltbarkeit der Lebensmittel. Knollengewächse wie Zwiebeln und Kartoffeln solltest du nach Möglichkeit im trockenen und dunklen Keller oder an einem ähnlichen Ort lagern. Einen wichtigen Unterschied solltest du zwischen nachreifenden und nicht nachreifenden Früchten machen. Die nachreifenden oder «klimakterischen» Früchte geben Ethylen ab und können damit das Verderben anderer Früchte vorantreiben.

BEI WÄRMEREN TEMPERATUREN

Du solltest Obst und Gemüse dunkel und kühl oder sogar im Kühlschrank lagern. Achte dabei auf entsprechende Behälter, zum Beispiel Körbe oder Schalen. Gruppiere passende Sorten sinnvoll, damit du die Übersicht behältst. Am besten ist ein Regalfach im Vorratsraum oder Keller, das du entsprechend unterteilst.

EXTRA-TIPP

Gerade bei wärmeren Temperaturen solltest du regelmäßig schlecht gewordenes Obst und Gemüse entfernen. Das ist eine Aufgabe, die bereits Grundschulkinder sehr gut übernehmen können. Sie lernen dadurch, Verantwortung zu übernehmen und gleichzeitig auf Lebensmittel zu achten.

OBST LAGERN

Ein sichtbarer Obstkorb in der Familienküche sieht schön aus und ist eine sinnvolle Erinnerung. Allerdings solltest du dort nicht jedes und auch nicht das ganze Obst einfach nur lagern. Arrangiere stattdessen lieber einzelne Obstsorten darin und lagere das restliche Obst entsprechend der Art und dem Reifegrad, um die Haltbarkeit zu optimieren.

Trauben und alle Arten von **Beeren** lagerst du am besten im Kühlschrank. Ideal ist eine Schale oder ein Teller – so vermeidest du Feuchtigkeit.

Solange **Äpfel, Birnen, Pfirsiche** und **Pflaumen** noch nicht reif sind, werden sie am besten bei Raumtemperatur aufbewahrt. So reifen sie nach und gewinnen an Aroma. Sind sie jedoch reif, bleiben sie im Kühlschrank länger frisch und lecker. Orientiere dich daher bei diesen Sorten stets an ihrem Zustand und überprüfe diesen.

Zitrusfrüchte wie Grapefruits, Orangen und Zitronen kannst du sowohl bei Raumtemperatur als auch im Kühlschrank lagern. Sind sie im Kühlschrank verstaut, sollten sie vor dem Verzehr auf Raumtemperatur gebracht werden. So entfalten sie ihr bestes Aroma und gewinnen an Geschmack.

Bananen lagerst du bei Raumtemperatur, aber immer separat von anderen Früchten. Sie produzieren Ethylen und lassen andere Früchte schneller verderben. Ideal sind sogenannte Bananenständer, die für einen gewissen Abstand sorgen, während die Bananen gleichzeitig offen sichtbar sind.

Auch bei jeder Art von **Melone** hängt der optimale Lagerungsort von der Reife ab. Wenn sie noch nicht reif sind, lagerst du sie am besten bei Raumtemperatur. Sind sie reif, gehören sie in den Kühlschrank. Falls du sie hierfür schneiden musst, ist es wichtig, sie in geschlossenen Dosen aufzubewahren.

Achte beim Waschen von Obst darauf, dass du es gründlich trocken tupfst. Nur so verhinderst du Feuchtigkeit.

LAGERN WIE EIN PROFI

NACHREIFENDE FRÜCHTE

Das sind beispielsweise: **Ananas, Äpfel, Aprikosen, Avocados, Bananen, Birnen, Kiwis, Mangos, Nektarinen, Papayas, Pfirsiche, Pflaumen, Zwetschgen** und **Tomaten**.

Wenn du eine dieser Früchte zum Nachreifen bringen möchtest, weil es beispielsweise lediglich grüne Bananen gab, kannst du sie in Papier mit einer anderen nachreifenden Frucht einwickeln, um den Nachreifeprozess zu beschleunigen.

DIY Wachstücher-Hit

→ PERFEKTES WEIHNACHTSGESCHENK

Gerade mit kleinen Kindern entwickelt sich bei vielen von uns Eltern ein Impuls, in unserem Rahmen die Welt ein bisschen zu retten und auf Details zu achten. Der Plastikverbrauch ist ein solches Detail, das wir alle gut im Blick behalten können. Mit Wachstüchern kannst du viel vom Einwegplastik in eurem Haushalt vermeiden. Wachstücher lassen sich für fast alles zum Frischhalten einsetzen und riechen nicht nur angenehm, sondern wirken auch noch antibakteriell. Lediglich rohes Fleisch oder Fisch solltest du nicht darin einwickeln und eher in einer Box aufbewahren. Wenn du stark riechende Speisen wie beispielsweise eine halbe Zwiebel mit einem Wachstuch abdeckst, solltest du dieses Tuch nur noch hierfür nutzen. Bei stark riechenden Speisen nehmen die Tücher diesen Geruch etwas an, was zu geschmacklichen Irritationen führen kann.

Reinige deine Wachstücher mit heißem Wasser und nimm nur selten und dann auch sparsam etwas Spülmittel zum Reinigen. So hast du lange Freude an ihnen. Weil sie in der Anschaffung jedoch eher teuer sind und du viele Tücher in unterschiedlichen Größen benötigst, gibt es jetzt dieses DIY. Wachstücher sind praktische Allrounder in der Familienküche **und ihre Herstellung lässt sich gut mit Kindern umsetzen.**

YOUTUBE TUTORIALS

ANLEITUNG

SCHRITT 1: Suche dir verschiedene Stoffe aus 100 Prozent Baumwolle und schneide sie in verschiedene Größen. Übrigens musst du deine Tücher nicht versäumen – das übernimmt das Wachs für dich. Du kannst hierfür Stoffreste nutzen oder neue Stoffe kaufen. Achte lediglich darauf, dass es sich um 100-prozentige Baumwolle handelt. Bei den Mustern und Farben solltest du bedenken, dass diese durch das Wachs etwas gelblicher werden.

SCHRITT 2: Besorge dir Bienenwachs in Pastillen. Achte darauf, dass es sich um Bio-Wachs zur Kosmetikherstellung handelt, schließlich kommen die Tücher mit Lebensmitteln in Kontakt.

SCHRITT 3: Wenn du alles dahast, lege deine Tücher je nach Größe zusammen oder einzeln auf ein Backpapier.

SCHRITT 4: Schmilz die Bienenwachspastillen in einem Topf.

SCHRITT 5: Optional kannst du jetzt etwas Jojobaöl oder Sonnenblumenöl direkt auf dem Tuch verteilen. Du musst es nicht flächendeckend machen und trotzdem wird dein Tuch hierdurch etwas geschmeidiger.

SCHRITT 6: Sobald das Wachs geschmolzen ist, verteilst du es mit einem Pinsel auf dem Tuch.

SCHRITT 7: Lege nun ein zweites Backpapier auf das Tuch und bügele kurz darüber. Denk dabei auch an die Kanten deines Tuches. Durch das Bügeln verteilt sich das Wachs schön gleichmäßig im Stoff.

ZUBEHÖR

Baumwollstoffe, Bienenwachspastillen, Topf zum Schmelzen, Jojobaöl oder Sonnenblumenöl, Pinsel, Backpapier, Schere, Bügeleisen

EXTRA-TIPP

Du möchtest dir das Schmelzen sparen? Dann lege die Pastillen direkt auf den Stoff und schieb ihn bei 90 Grad in den Backofen. Sobald alles geschmolzen ist, bügelst du es einmal und bist fertig.

DER Vorrats-SCHRANK

WAS GEHÖRT IN DEN VORRATSSCHRANK

Jeder Vorratsschrank spiegelt die Essgewohnheiten und Vorlieben der Nutzer. Grundsätzlich gehören in einen Vorratsschrank die Grundnahrungsmittel, die regelmäßig gebraucht werden.

> **Trockene Lebensmittel** wie Reis, Nudeln, Quinoa, Couscous, Mehl, Zucker und Salz
> **Konserven** wie Tomaten, Mais, Bohnen, Erbsen, Thunfisch, Hülsenfrüchte, Suppen und Soßen
> **Öle und Essig** wie Olivenöl, Sonnenblumenöl, Rapsöl, Balsamico-Essig und Apfelessig
> **Gewürze und Kräuter** wie Oregano, Basilikum, Thymian, Paprika, Curry, Pfeffer und Zimt
> **Backzutaten** wie Backpulver, Hefe, Schokolade und Vanilleextrakt
> **Snacks** wie Nüsse, getrocknete Früchte, Chips und Cracker

Bitte orientiere dich bei der Auswahl für deinen Vorratsschrank an den Gewohnheiten und Vorlieben deiner Familie. Alles, was ihr nutzt und was sich länger lagern lässt, gehört in einer entsprechenden Menge in deinen Vorratsschrank.

Wenn es Lieblingsrezepte oder -gerichte in deiner Familie gibt, geht diese gemeinsam durch und überlegt, was hierfür im Vorratsschrank lagern sollte. Ist es eine schnelle Nudelpfanne, die manches Mal die Laune auffängt? Oder vielleicht ein Quark mit Obst aus der Dose, der an heißen Tagen schnell von der Hand geht und allen schmeckt?

OBST UND GEMÜSE IM VORRATSSCHRANK

Wenn du Obst oder Gemüse in deinem Vorratsschrank lagerst, sollte dieser kühl und dunkel sein. Möchtest du etwas länger lagern, ist – wenn vorhanden – ein Platz in einem Kellerregal oftmals sinnvoller. Achte hier wieder darauf, dass du nachreifende Früchte nicht gemeinsam mit anderen Sorten aufbewahrst.

EXTRA-TIPP
Das Überprüfen der Vorräte ist eine Aufgabe, die sich gut gemeinsam mit den Kindern machen lässt. Auch das Umfüllen von nachgekauften Lebensmitteln in die Aufbewahrungsbehälter kann wunderbar von Kindern übernommen werden.

MOTTEN ALARM

Lebensmittelmotten kommen leider in den besten Küchen vor. Es ist also nichts, wofür du dich schämen müsstest. Oftmals schleppen wir sie uns durch Einkäufe ins Haus. Sie können sich in allen möglichen Produkten verstecken, die länger gelagert wurden, beispielsweise Getreideprodukte, Hülsenfrüchte, Nüsse, Tierfutter oder auch Trockenobst.

Die sogenannten **Dörrobstmotten** sind nicht per se gefährlich für Menschen und Haustiere. Sie übertragen keine schweren Krankheiten. **Allerdings können sie Magen-Darm-Erkrankungen, Allergien und Hauterkrankungen auslösen.** Daher ist es wichtig, konsequent gegen sie vorzugehen.

Mit einigen einfachen Hacks kannst du eure Küche so mottensicher wie möglich machen. Hierbei spielen feste Behältnisse eine zentrale Rolle, denn die Mottenlarven können sich durch dünne Plastikverpackungen hindurchfressen. Wenn du alles in Vorratsdosen luftdicht verpackst und deine Vorräte regelmäßig kontrollierst, erreichst du schon viel.

Hilfreich sind Motten-Klebefallen, die mit Pheromonen die männlichen Motten anlocken. Damit kannst du in einem ersten Schritt einen Befall und besonders betroffene Bereiche in eurer Küche erkennen. Diese Fallen helfen dir jedoch ausschließlich beim Erkennen eines Befalls, aber nicht bei der Bekämpfung.

Untersuche alle gelagerten Lebensmittel auf einen Befall. Du erkennst ihn an Motten und Larven in der Packung. Die Larven sehen aus wie kleine weiße Mehlwürmer. Auch dünne weiße Fäden – wie sehr feine Spinnenweben – sind ein Zeichen für einen Befall. Entsorge alle befallenen Vorräte konsequent. Sie sind nicht mehr für den Verzehr geeignet. Den Müll musst du luftdicht verpacken und sofort nach draußen bringen. Um die Motten und Larven sicher zu töten, kannst du sie auch über Nacht einfrieren und danach entsorgen.

Verpacke nun all deine Vorräte in luftdichten Glas-, Metall- oder Hartplastikbehältern. Achte dabei auf luftdichte Deckel mit Schraubgewinde oder speziellen Dichtungen. Gewöhnliche Blechdosen eignen sich beispielsweise nicht, da sie nicht luftdicht verschließbar sind. Kontrolliere die Behälter in regelmäßigen Abständen, falls du einen Mottenbefall im Anfangsstadium übersehen haben solltest.

WAS BEFALLEN MOTTEN?
> Getreideprodukte (beispielsweise Backwaren, Müsli oder Tierfutter mit Getreide)
> Samen, Nüsse und sämtliche Nusswaren (auch Schokolade)
> Früchte- und Kräutertees, Arzneipflanzen und Gewürze
> Trockenobst
> Hülsenfrüchte

GEWÖHNLICH BEFALLEN MOTTEN EHER NICHT:
> **Geräuchertes**
> **Gerösteten Kaffee**
> **Öle und Fette**
> **Salz und sehr salzige Produkte**
> **Schwarzen Tee**
> **Zucker und Produkte mit hohem Zuckergehalt**

In einem dritten Schritt steht eine gründliche Reinigung der Küche an. An den Mottenherden solltest du auch Bohrlöcher, Ritzen, Spalten und jegliche Zwischenräume reinigen, denn darin werden gerne die Eier abgelegt. Sauge zuerst alle Schränke und Ecken ab. Den Beutel solltest du im Anschluss sofort luftdicht in einer Plastiktüte verschließen und idealerweise für 24 Stunden einfrieren.

Danach kannst du den Beutel sicher entsorgen, ohne dass die Falter entkommen können. Wische im Anschluss alles mit Essigreiniger aus. **Mische hierfür entweder Haushaltsessig im Verhältnis 1:2 mit Wasser oder reine Essigessenz und Wasser im Verhältnis 1:10.** Eine biologische Alternative sind **Schlupfwespen**. Diese sind mit 0,4 Millimetern viel kleiner als gewöhnliche Wespen und können nicht fliegen. Sie werden dort eingesetzt, wo ein Mottenbefall besteht, und sterben ab, wenn die Motten erfolgreich bekämpft wurden. Schlupfwespen legen ihre Eier in die Eier der Motten und vernichten damit den Mottennachwuchs. Zwei bis drei Wochen nach der großen Putzaktion wirkt der Einsatz von Schlupfwespen ideal. **Du erhältst sie online oder im Einzelhandel.**

Kontrolliere im Anschluss regelmäßig alle Gefäße und bewahre deine Lebensmittel weiterhin luftdicht auf. Das Auswischen von Schränken und Regalen verhindert zusätzlich, dass sich Lebensmittelmotten ansiedeln können. Auch Duftstoffe können Motten aus deiner Küche fernhalten, beispielsweise **Lorbeerblätter, Thuja, Lavendel, Nelken, Zedernholz** und **Patschuli**. Wichtig ist aber, sie regelmäßig zu erneuern.

DER Tief- KÜHLER

EXTRA-TIPP

Sicher bruchfest sind Edelstahlbrotzeitdosen
Hier findest du unterschiedliche Formen und Größen, so dass du portionsweise oder auch eine gesamte Mahlzeit für die Familie einfrieren kannst.

GOODBYE PLASTIK

4 PLASTIKFREIE MÖGLICHKEITEN ZUM EINFRIEREN

Sie sehen fröhlich aus, bunt und sauber – zumindest zu Beginn. Denn nach einigen Runden zwischen Tiefkühler, Mikrowelle und Spülmaschine zeigt sich bei den Plastikdosen ihr Verfall. Sie werden milchig-trübe, haben Kratzer und zeigen sehr klar, dass sie eines gar nicht sind: Mit ihren freiwerdendem Mikroplastik und Weichmacher gut für unsere Gesundheit. Diese hat man auch bei der nächstbekannten Alternative – dem Gefrierbeutel. Der darüber hinaus auch noch mehr Abfall produziert, weil du ihn schneller entsorgst. Aber welche Möglichkeiten gibt es noch, deine Lebensmittel sicher einzufrieren?

GLAS

Glas ist eine preiswerte und gesunde Alternativ zu jeglichen Behältnissen aus Plastik. Ein Risiko ist hierbei der Glasbruch, dem du jedoch mit wenigen Schritten gut vorbeugen kannst. Welches Glas eignet sich für was?

SCHRAUBGLÄSER

Saucen, Suppen, lose Beeren, Obst, breiiges oder zerkleinertes Gemüse, Kompott und Mus.

STURZGLÄSER

Aufläufe, Kuchen im Glas und selbstgemachtes Speiseeis. Achte bei Glas immer auf die maximale Füllhöhe.

STAPELBARE AUFLAUFFORMEN AUS BOROSILIKATGLAS

Für alles, was größer ist. Sie sind hitze- und kältebeständig. So kannst du einen Auflauf oder Kuchen problemlos darin backen, erkalten lassen und im Anschluss einfrieren. Lasse stets ein Viertel des Volumens frei.

EISWÜRFEL

Für Eiswürfel gibt es mittlerweile Behältnisse aus Edelstahl. Hier ist zwar die Auswahl an den Formen nicht so groß, dafür produzierst du aber keinen Müll.

SCHALEN

Du kannst auch Schalen aus Edelstahl oder dickem Glas zum Einfrieren nehmen. Die meisten Auflaufformen lassen sich so beispielsweise gut zum Einfrieren nutzen. Wenn die Schale keinen Deckel hat, kannst du hier ein Wachspapier im passenden Format zum Abdecken nutzen.

WACHSPAPIER

Beim Wachspapier wickelst du einfach das Lebensmittel in das beschichtete Tuch und gibst es in den Tiefkühler. Mit größeren Tüchern kannst du auch Schüsseln zum Einfrieren abdecken (DIY auf Seite 56).

ZUM EINFRIEREN GEEIGNET

Es gibt einige Lebensmittel, die du optimal einfrieren kannst. Einfrieren erlaubt dir Flexibilität und kann im Alltag viel Zeit sparen, wenn du es clever einsetzt. Damit kannst du einige Gerichte problemlos vorbereiten, Mahlzeiten aufheben, wenn einmal die Menge nicht gestimmt hat, oder einfach die leckere Geburtstagstorte für das nächste Wochenende aufbewahren. Hier findest du eine kurze Übersicht, was du problemlos einfrieren kannst:

> **Fleisch:** Rind, Schwein, Lamm, Geflügel, Wild
> **Fisch und Meeresfrüchte:** Lachs, Kabeljau, Garnelen, Muscheln
> **Gemüse:** Brokkoli, Karotten, Erbsen, Paprika, Pilze
> **Obst:** Beeren, Trauben, Mango, Ananas, Bananen (in Scheiben)
> **Backwaren:** Brot, Brötchen, Kuchen (ungeschnitten)
> **Milchprodukte:** Butter, Käse (fest), Sahne

NICHT ZUM EINFRIEREN GEEIGNET

Es gibt auch Lebensmittel, bei denen das Einfrieren nicht sinnvoll ist, da sie nach dem Auftauen entweder deutlich an Konsistenz und Geschmack verlieren oder tatsächlich nicht lange haltbar bleiben. Hier erfährst du, wovon du in deinem Gefrierschrank lieber die Finger lassen solltest und warum:

> **Salate und frische Kräuter:** Sie können durch das Einfrieren schlaff und ungenießbar werden. Mit der richtigen Verarbeitung funktioniert es aber (siehe «Kräuter für Winterzeiten»).
> **Eier in der Schale:** Beim Einfrieren dehnt sich das Ei aus und die Schale kann platzen.
> **Milchprodukte** mit hohem Wassergehalt: Zum Beispiel Joghurt, saure Sahne oder Quark können beim Einfrieren klumpig werden.
> **Kartoffeln:** Diese können beim Auftauen matschig und ungenießbar werden.

WIE LANGE HALTEN GEFROHRENE LEBENSMITTEL?

- KRÄUTER, EINGEFROHREN: BIS ZU 1 JAHR
- BROT, EINGEFROHREN: BIS ZU 6 MONATE
- BLUMENKOHL, GESCHNITTEN: 3 BIS 4 TAGE
- TOMATEN, GEWASCHEN: BIS ZU 1 WOCHE
- ÄPFEL, GEWASCHEN: JE NACH SORTE
- EIER, HART GEKOCHT, OHNE SCHALE: BIS ZU 4 WOCHEN
- SUPPEN UND EINTÖPFE, EINGEFROHREN: 2 BIS 3 MONATE
- COUSCOUS, GEGART: 3 BIS 4 TAGE
- REIS*, GEKOCHT UND ABGEKÜHLT: JE NACH SORTE BIS ZU EINEM JAHR
- NUDELN*, GEKOCHT UND ABGEKÜHLT: 2 BIS 3 MONATE
- FLEISCH, GEKOCHT UND ABGEKÜHLT: JE NACH SORTE 3 BIS 9 MONATE
- LASAGNE HAUSGEMACHT: 3 BIS 2 MONATE
- KUCHEN HAUSGEMACHT: 2 BIS 4 MONATE
- FRUCHTSÄFTE ODER SMOOTHIES, IN EISWÜRFELFORMEN: 2 BIS 3 MONATE

*Ohne Sauce   Alle Haltbarkeitsdaten hängen von diversen Faktoren, wie Behälter und Zubereitung ab.

GRUNDSTOCK FÜR DEN TIEFKÜHLER

Der Gefrierschrank ist ein wichtiger Verbündeter in der schnellen Familienküche. Erst einmal haben frisch tiefgekühlte Lebensmittel eine hohe Qualität und nichts gemeinsam mit Fertiggerichten. Achte darauf, dass sie naturbelassen und ohne Zusätze sind, denn nur so kannst du sie vollkommen flexibel in deiner Küche nutzen. Sie lassen sich schnell zubereiten und sind geschmacklich oftmals nicht vom frischen Produkt zu unterscheiden. Mit einer Auswahl an Lebensmitteln im Tiefkühlschrank erlaubst du dir Flexibilität, weil du sie nicht zeitnah verbrauchen musst. Damit hast du mehrere leckere Beilagen oder die Grundlage für eine gesunde Suppe zur Hand. Wäge ab, was bei euch gut passt, und bewahre die Zutaten für einige Lieblinge im Tiefkühlschrank auf.

Die folgenden Gemüsesorten lassen sich sowohl als Beilage als auch als Zutat für eine Suppe, einen Eintopf, eine leckere Bowl oder einen Auflauf einsetzen: **Brokkoli, Erbsen, grüne Bohnen, Karotten und Mais.**

Gefrorenes Obst ist perfekt für einen schnellen Smoothie, als Zugabe für eine Bowl oder für den Joghurt sowie für das Müsli: Beeren in jeglicher Form, Mango und Pfirsiche.

Tiefgefrorenes Fleisch hat den Vorteil der längeren Haltbarkeit und lässt sich super für alle möglichen Gerichte wie Aufläufe, Eintöpfe oder Pfannengerichte verwenden. In dieser Kategorie lässt sich alles gut einfrieren, von Fisch über Hühnchen bis zu Rind- und Schweinefleisch.

Manchmal ist es mit dem **Brot** schwierig in Familien. Eine Zeit lang wird viel gegessen und dann wieder weniger. Damit du nichts wegschmeißen musst, kannst du Brot einfach einfrieren. Tiefgefrorenes Brot lässt sich bei Bedarf problemlos im Toaster oder Ofen auftauen und verliert nichts an Geschmack.

EXTRA-TIPP

Greif ab und an auf bunte Gemüsemischungen zurück. Sie sind gesund und sparen dir Zeit und manchmal auch einfach Nerven. Und ja, du darfst auch auf Fertiggerichte zurückgreifen. Bei ihnen weißt du weniger, was drin ist, und deswegen sollte es nicht zu oft vorkommen. Aber sei nachsichtig mit dir, wenn es manchmal eben so ist, weil die Arbeit oder eine Phase mit den Kindern sehr fordernd ist. Liebevoll auf sich selbst zu schauen, ist auch beim Thema Ernährung entscheidend.

KRÄUTER FÜR WINTERZEITEN VORBEREITEN

Gerade im Winter ist es sinnvoll, wenn du einige Kräuter im Tiefkühlschrank hast. Klassiker sind **Basilikum, Petersilie** oder auch **Schnittlauch**. Damit kannst du deinen Gerichten schnell ein bisschen Würze und einen Hauch Sommer verleihen.

Achte darauf, dass alle Lebensmittel im Tiefkühlschrank sicher eingepackt sind, um sie vor Frostschäden zu schützen. Zudem muss die Beschriftung eindeutig sein. Das bedeutet: Wenn du etwas einfrierst, schreibst du nicht nur drauf, was drin ist, sondern gleichzeitig das Datum des Einfrierens.

Beim Einräumen ist es sinnvoll, die neuen Sachen nach hinten zu packen, damit erst die bereits länger eingefrorenen Lebensmittel aufgebraucht werden.

EXTRA-TIPP

Eiswürfelformen eignen sich hervorragend zum Einfrieren von Kräutern. Auf diese Weise hast du immer deine Portion Kräuter für das nächste Gericht bereit. Um dies zu tun, solltest du jedoch zuerst die Kräuter zerkleinern und sie dann mit Wasser in die Behälter gießen.

GEFRIERFACH RICHTIG ORGANISIEREN

Jetzt weißt du, was du im Tiefkühlschrank haben kannst und je nach euren Gewohnheiten und Bedürfnissen haben solltest. Aber wie organisierst du das übersichtlich und sinnvoll? Je nach Größe des Geräts kann das übersichtliche Einräumen eine Herausforderung sein. Hier folgen ein paar praktische Ideen, die du schnell umsetzen kannst und die bei jeder Tiefkühlfachgröße passen:

1 Wichtig ist, rohe und gekochte Lebensmittel getrennt voneinander zu lagern. So vermeidest du Kreuzkontaminationen. Du kannst am besten verschiedene Schubladen dafür nehmen und diese auch beschriften, damit das System für alle auf einen Blick verständlich ist.

2 Achte zudem darauf, dass Fisch und Fleisch immer komplett verpackt sind.

3 Luftdichte Behältnisse müssen im Tiefkühlschrank sicher verschlossen sein. Nur so verhinderst du Gefrierbrand und das Verderben deiner Lebensmittel.

4 Wenn du neue Lebensmittel einfrierst, werden diese hinten eingeräumt. Mit diesem Rotationsprinzip sorgst du dafür, dass die älteren Lebensmittel griffbereit liegen und zuerst verwendet werden.

5 Reinige deine Gefrierfächer regelmäßig. Hierfür räumst du sie aus, kontrollierst kurz die Lebensmittel und entsorgst abgelaufene Artikel. Taue das Gefrierfach vollständig ab und reinige es im Anschluss mit warmem Wasser und optional mit einem milden Reinigungsmittel.

INSPIRATION AUF PINTEREST

EXTRA–TIPP: Auch in diesem Fall gibt es zahlreiche Anleitungen darüber, wie man das Gefrierfach am effizientesten einräumt.

GEFRIERSCHRANK RICHTIG ENTEISEN

Wenn du deinen Gefrierschrank abtauen möchtest, musst du zunächst genug Platz für die Lebensmittel haben. Taue deinen Tiefkühlschrank idealerweise dann ab, wenn er nicht ganz voll ist, damit du weniger Lebensmittel unterbringen musst. Beim Abtauen solltest du schnell arbeiten. Leg daher vorher alles bereit, was du brauchst: **Schale, Plastikschaber, Scheuerbürste, gegebenenfalls Reinigungsmittel und Handtücher.** Während du deine Sachen zusammenstellst, kannst du das Gerät bereits ausstellen. Hierfür schaltest du es aus. Öffne die Tür, damit alles abtaut. Räume nun die Lebensmittel aus. Kühle sie am besten für den Moment im Kühlschrank weiter, um ein vollständiges Auftauen zu verhindern.

Wenn der Gefrierschrank leer ist, werden alle Schubladen und Fächer herausgenommen. Falls sie stark mit Eis bedeckt sind und dadurch nicht rauskommen wollen, warte einen Moment oder versuche, das Eis vorsichtig etwas von Hand zu lösen. Setz aber auf keinen Fall Gewalt ein, da du damit nur Schäden an den Schubladen in Kauf nimmst, die dich hinterher nerven.

Bedecke nun den Boden des Gefrierfachs mit Handtüchern, um das abtauende Wasser direkt aufzunehmen. Den Vorgang des Abtauens kannst du mit folgenden Maßnahmen beschleunigen: **Indem du eine Schüssel mit heißem Wasser auf den Boden des Tiefkühlschranks stellst. Durch den Dampf löst sich alles schneller.**

Wenn alles abgetaut ist, reinigst du den Gefrierschrank gründlich. Wische alle Rückstände aus und denke bei der Reinigung an die Ecken und die Dichtungen. Gerade hier bilden sich rasch Rückstände. Verzichte jedoch bei den Dichtungen auf den Einsatz von Putzmitteln, um sie nicht zu sehr zu strapazieren.

Wische im letzten Schritt alles mit einem dicken Lappen aus und trockne jede Fläche. Reinige auch alle herausnehmbaren Teile gründlich.

Jetzt kannst du den Tiefkühler wieder füllen und als letzten Schritt wieder anstellen.

Ein Gefrierschrank, der nicht regelmäßig abgetaut wird, kann 15 bis 45 Prozent mehr Strom verbrauchen.

DER Kühl- SCHRANK

FRISCHHALTE-TIPPS

Wenn du eurer Familienküche mit mehr Planung Struktur verleihen möchtest, sind diese Tipps zur richtigen Aufbewahrung Gold wert. Lebensmittel schnell und einfach frisch zu halten, erlaubt dir eine bessere Vorbereitung, sodass du die Gerichte am Ende zeitsparend zusammenstellen kannst.

SALATE
Du kannst verschiedene Salatsorten bereits waschen und zerkleinern. Bewahre den Salat im Anschluss am besten in Tücher eingewickelt in deinem Gemüsefach auf. Einige Tropfen Zitronensaft oder Essig auf dem feuchten Tuch verlängern die Haltbarkeit zusätzlich.

MÖHREN UND RADIESCHEN
Sowohl bei Möhren als auch bei Radieschen solltest du immer das Grün entfernen, denn es entzieht den Wurzeln das Wasser. Ebenfalls ist es wichtig, alle Plastikverpackungen vor der Lagerung zu entsorgen und das Gemüse nicht abzuwaschen. Lege es stattdessen auf ein leicht feuchtes Tuch im Gemüsefach. Sollte es schlapp wirken, kannst du es für ein paar Stunden in ein Behältnis mit Wasser legen. So wird es wieder lecker und knackig.

SPARGEL UND FRÜHLINGSZWIEBEL
Wenn du Spargel im Kühlschrank lagerst, achte darauf, dass die Köpfe luftdicht abgedeckt sind. Du kannst sie auch stehend in einem Glas lagern. Abgeschnittene Frühlingszwiebeln sprießen wieder auf, wenn du sie in ein Wasserglas stellst. Auch diese kannst du gut im Kühlschrank lagern.

BROKKOLI
Du kannst frischen Brokkoli in ein Glas stellen und ihn dann hiermit im Kühlschrank aufbewahren.

CHAMPIGNONS
Wickle frische Champignons vor der Lagerung im Kühlschrank in ein trockenes Tuch. Das Tuch nimmt entstandene Feuchtigkeit auf und verhindert, dass die Pilze matschig werden oder schimmeln.

KÄSE
Du kannst unverpackten Käse in ein Behältnis mit Reis legen. Reis saugt Kondenswasser auf und hält den Käse länger frisch.

BROT
An feucht-warmen Tagen im Sommer kannst du Brot auch im Kühlschrank lagern. Achte aber darauf, dass du es gut einschlägst, da es sonst rasch trocken wird.

KÜHLSCHRANKZONEN – WAS GEHÖRT WOHIN?

Damit Lebensmittel in deinem Kühlschrank lange frisch und lecker bleiben, sind ein paar Vorbereitungen sinnvoll. Wässrige Gemüsesorten wie **Gurken**, **Zucchini** oder auch **Tomaten** werden am besten bei einer **Temperatur von 12 Grad** gelagert. Ohne Kühlung verlieren sie rasch ihr Aroma. Zusätzlich zeigen sich unappetitliche Wasserflecken. Wenn du Gemüse in einem Fach lagerst, lege zuerst Krepppapier hinein, damit dieses die Feuchtigkeit aufsaugt.

Entferne unbedingt jegliches Plastik und zusätzliche Verpackungen. So verhinderst du, dass sich Bakterien, Schimmel und Schmutz in deinem Kühlschrank ansammeln.

Honig und **Sirup** können in der Tür des Kühlschranks gelagert werden, wo die Temperaturen ein wenig höher sind. Bei zu niedrigen Temperaturen kristallisieren sie.

Bei der Lagerung von **Gewürzen** im Kühlschrank scheiden sich die Geister. Die einen verstauen sie gerne im Kühlschrank, während andere bemängeln, dass sich hier rasch Feuchtigkeit sammelt und die Gewürze klumpen. Wenn du frische Kräuter probeweise im Kühlschrank lagern möchtest, befeuchte die Stängel oder die Blätter. Anschließend schlägst du die Kräuter in Papiertücher ein und legst sie ins Gemüsefach. Denk aber unbedingt daran, zuvor schleimige Stängel auszusortieren. Auch gelbe und welke Blätter gehören nicht mehr ins Gemüsefach. Auf diese Weise halten sich frische Kräuter im Kühlschrank bis zu **3 Wochen**.

WAS GEHÖRT IN DEN KÜHLSCHRANK

> - **Obst und Gemüse wie Ananas, Äpfel, Auberginen, Gurken, Mango, Paprika, Pilze, Salat und Zitrusfrüchte**
> - **Avocados, Bananen, Tomaten und Kiwis – allerdings dürfen für sie die Temperaturen nicht zu niedrig sein, da es sonst ihren Reifeprozess stört**
> - **Milchprodukte wie Butter, Joghurt, Käse und Milch**
> - **Fleisch und Fisch, vor allem wenn sie roh sind**
> - **Eier**
> - **Dressings und Soßen**
> - **Geöffnete Dosen und Konserven**
> - **Offene Getränke**
> - **Reste von Mahlzeiten oder bereits gekochte Speisen**

1 RESTE UND GEÖFFNETES	5 TK-KOST, EINGEFROHRENES
2 MILCHPRODUKTE	6 BUTTER/MARGARINE UND EIER
3 FLEISCH, FISCH UND KÄSE	7 SENF, KETCHUP, SOSSEN UND DRESSINGS
4 GEMÜSEFACH: OBST, GEMÜSE UND SALAT	8 GETRÄNKE

PLANUNG
UND ORGANISATION

Sobald deine Küche einmal aufgeräumt und geordnet ist, musst du nur noch dafür sorgen, dass das auch so bleibt. Die Zauberwörter für diese Aufgabe heißen Planung und Organisation. Dafür braucht es meist ein bisschen Übung, aber dann läuft es wie von selbst.

In diesem Kapitel erfährst du, wie du das neue Ordnungssystem dauerhaft in deine Küche integrierst. Mit den folgenden Tipps lernst du Schritt für Schritt, wie du dir zukünftig eine Menge Zeit und Nerven rund um das Thema Essen sparen kannst.

Ordnung bedeutet, den Kopf frei für andere Dinge zu haben. Und davon profitierst am Ende nicht nur du, sondern die ganze Familie.

MENTAL LOAD UND PLANUNG

Der Ausdruck «Mental Load» beschreibt die Vielzahl an mehr oder weniger unsichtbaren Aufgaben, die im Alltag einer Familie eine große Rolle spielen. Es sind die Dinge, die nicht auffallen, solange sie erledigt werden, und die uns jedoch böse vor die Füße knallen, wenn sich keiner um sie gekümmert hat. In vielen Familien schleicht es sich ein, dass der Mental Load auf dem «letzten Mann» lastet, sprich auf der Person, die eben häufiger da ist im Alltag. Bei ihr landen die Einladungen, die Einkaufslisten, die Arzttermine, das schnelle Wäschewaschen nebenbei und eben auch das Kochen. Um diese unsichtbaren, aber elementaren Aufgaben im Alltag sichtbar zu machen, sind ehrliche Gespräche und Planung notwendig.

Im ersten Moment kann es für Paare oder Familien schwierig sein, in einen solchen Dialog zu gehen. Daher ist es wichtig, an dieser Stelle Emotionen außen vor zu lassen und die Fakten zu benennen. Es kann helfen, die Familie als ein Unternehmen mit einzelnen Abteilungen zu betrachten und dann zu schauen, wie diese aktuell geführt werden. An dieser Stelle zeigt sich oftmals ein Ungleichgewicht, was aber durch etwas mehr Transparenz Stück für Stück behoben werden kann. Gerade im Bereich der Ernährung sind die Anforderungen für Familien heutzutage sehr hoch, und vieles davon landet immer bei einer Person. Wenn Paare sich an dieser Stelle ehrlich und ohne Vorwürfe austauschen und gemeinsam überlegen, wie sie den Bereich der Familienküche in Zukunft gestalten möchten, kann das eine große Last von allen Beteiligten nehmen und Streitigkeiten vorbeugen.

Über Mental Load zu sprechen und gemeinsam zu planen, lässt ein starkes Team entstehen. Daher richtet sich dieses Buch gezielt an dich als Elternteil – ob Mama oder Papa oder beide, ist dabei irrelevant. Du kannst deine Kinder in einer positiven Art und Weise einbinden und schenkst ihnen damit Einblicke, die ihnen später nutzen.

Schaut gemeinsam hin und verteilt die Aufgaben klar und fair. Nutzt moderne Möglichkeiten wie den Online-Einkauf, um euch zusätzlich zu entlasten. Dieses Buch lädt dich und euch als Familie ein, in einen Dialog einzusteigen und die für euch beste Lösung zu finden.

NIE MEHR ÜBERLEGEN, WAS DU KOCHST

WARUM ESSENSPLANUNG DEIN LEBEN LEICHTER MACHT
Viele Eltern beschreiben den Haushalt und die Frage nach dem Essen als etwas, das jeden Tag noch oben auf ihre generell schon hohe Belastung draufkommt. Ist es für dich ähnlich?

Zugegeben, mit unserem Buch löst sich das nicht magisch in Luft auf. Aber durch kluge Planung wird die Essenssituation nicht mehr jeden Tag wie eine Unwetterwolke über dir schweben. Stattdessen hilft dir dieses Buch, entsprechend deinem Typ und deinen Vorstellungen einen sinnvollen Plan festzulegen. Du lernst, eure Mahlzeiten wöchentlich festzulegen, dementsprechend einzukaufen und eventuell Gerichte oder einzelne Zutaten vorzubereiten.

Essensplanung klingt erst einmal nach Großküche und einem leisen Leidenschaftstod. In Wahrheit aber rettet dich eine smarte Essensplanung, denn sie lässt dich häufiger gesunde Entscheidungen treffen und spart Zeit.

Im Alltag ist dein Kopf häufig voll mit allen möglichen To-dos. Am späten Nachmittag und frühen Abend zeigt sich dann die sogenannte Entscheidungsmüdigkeit. Das bedeutet: Du hast bereits den ganzen Tag eine Vielzahl an Entscheidungen getroffen und magst nicht mehr. Diese Situation führt häufig zu Kompromiss- oder Schnellschuss-Entscheidungen oder wie auch immer du diese nicht ganz optimalen Entscheidungen nennen möchtest. Sie sind kein Zeichen von mangelnder Kreativität oder zu wenig Liebe, sondern schlicht ein Ausdruck der Überforderung nach einem langen Tag.

GESUNDE UND AUSGEWOGENE ERNÄHRUNG

Bezogen auf das Essen sind es Entscheidungen, die zu Fastfood oder dem Süßigkeitenregal führen. All das ist gar nicht schlimm, wenn es mal vorkommt, aber permanent ist es für dich und deine Familie ungesund. Das spürst du nicht nur körperlich, sondern langfristig auch nervlich.

Gute Ernährung ist wichtig. Wenn dein Körper nicht nur mit Essen ruhiggestellt wird, sondern du wirklich satt bist, spürst du das. Dein Nervenkostüm wird positiv unterstützt. Nährstoffreiche Nahrung fördert zudem die Produktion von Glückshormonen und steigert allgemein die Leistungsfähigkeit. Indem du stark verarbeitete Lebensmittel und weißen Zucker in der Ernährung deiner Familie reduzierst, tust du also nicht nur etwas für eine schlanke Linie, sondern auch für die Psyche.

Rohkost und mehr Obst und Gemüse auf den Speiseplan zu setzen, klingt nicht so kompliziert, und doch ist es im stressigen Familienalltag oft schwer. Diese Zwickmühle zerrt an den Nerven: Wir wissen, dass eine gesunde und ausgewogene Ernährung gerade für unsere Kinder im Wachstum wichtig ist. Gleichzeitig kann dieser Anspruch zu Schwierigkeiten im Alltag führen, denn es ist nicht nur der Faktor Zeit, der hier hineinspielt.

Indem du dich an einem Tag hinsetzt und die Woche für dich und deine Familie planst, umgehst du diese Falle ganz ohne großen Aufwand. Du nimmst dir einmal Zeit, entweder allein oder gemeinsam mit deinem Partner und/oder mit den Kindern, die Mahlzeiten für die Woche zu planen.

Das hat mehrere Vorteile: Erstens sparst du Zeit und Diskussionen, indem der Wochenplan einmalig besprochen und festgelegt wird. Zweitens sparst du Nerven, denn du kannst in einer entspannten Atmosphäre planen, anstatt nach einem langen Tag auf dem Weg nach Hause oder im Wohnzimmer auf die Schnelle alle mit einer genialen Essensidee überraschen zu wollen. Drittens sparst du Geld, denn du kaufst gezielter ein, musst nicht mehr der Zeit hinterherrennen und kannst dich stattdessen auf deine smarte Wochenplanung verlassen.

DEIN FREIRAUM

Sei offen und probiere unterschiedliche Methoden aus. Für den einen passt es perfekt, den Wocheneinkauf nach Plan liefern zu lassen, während der andere ihn lieber selbst erledigt. Schau hierbei ehrlich auf dich und deine Bedürfnisse. Überlege dir auch, was für dich Freude in die Küche bringt. Vielleicht kochst du gar nicht gerne streng nach Rezept und brauchst ein paar Freiräume.

Zu Beginn wirkt die Planung für dich vielleicht wie ein zusätzlicher Termin und du spürst eine innere Abneigung. Probiere es aber einfach mal für vier bis sechs Wochen aus und lass dich vom Ergebnis überraschen. Orientiere dich bei deiner Planung auch an der Zeit, die du an dem Tag vermutlich hast.

Es ist so wichtig, dass du oder ihr als Eltern in eurer Mitte seid. Lass dich nicht von Trends und vermeintlichen Dogmen verunsichern. Deine Lösung darf individuell sein. Such dir überall das heraus, was zu dir und deiner Familie passt.

Nimm dir Zeit für dich. Wenn du spürst, dass dir die Gelassenheit im Alltag fehlt, findest du viele hilfreiche Tipps in dem Buch «5 Minuten Auszeit für Mama» (siehe QR-Code).

→ NATÜRLICH AUCH FÜR PAPAS :)

*Anzeige

5 MINUTEN AUSZEIT FÜR MAMA*

TIPP

Das Geheimnis von Meal Planning

Was bedeutet Meal Planning? Cleveres Meal Planning sorgt dafür, dass du die Nahrungsmittel, die du zu Hause hast, mit der Zeit immer sinnvoller nutzt. Mit etwas Erfahrung entwickelst du einen Blick dafür, was du einfrieren oder wiederverwerten kannst, wenn Speisereste übrig bleiben. Hierfür findest du in diesem Buch ein paar nützliche Ideen. Manche Mahlzeiten lassen sich auch gut miteinander kombinieren.

Meal Planning beinhaltet oft auch, Zutaten vorzukochen. Früher hatte das einen schlechten Ruf, weil die Nahrungsmittel dadurch angeblich verkocht würden. Das trifft aber für die meisten Lebensmittel gar nicht zu, wenn du sie richtig zubereitest.

Sei außerdem offen für die vielen Möglichkeiten, die unsere Zeit dir bietet. Du kannst dir Lebensmittel und Lebensmittelboxen liefern lassen und damit die Planung etwas aus der Hand geben. Gerade in sehr stressigen Zeiten kann das eine Entlastung sein und dir neue Ideen für die Familienküche liefern. Schau dich auch um bei Lieferservice-Apps, ob hier etwas zumindest zeitweise in euren Familienalltag passt. Ebenso gibt es Apps, die dich bei der Planung unterstützen. In einigen Apps bekommst du zusätzlich Anregungen für Rezepte und Ideen, wie du euren Familienalltag leichter gestaltest.

In diesem Buch lernst du natürlich auch, wie du analog planst, wenn Apps nicht so deins sind. Probiere hierbei jedoch gern etwas herum und versuch dich an unterschiedlichen Methoden.

ANLEITUNG

SCHAU DIR VOR DEINER PLANUNG EURE WOCHE IM ALLGEMEINEN AN
> An welchen Tagen ist eine volle Mahlzeit sinnvoll und realistisch?
> Wann wäre es durch andere Termine hilfreich, wenn es etwas zum Aufwärmen gäbe?
> Überlege, ob ihr generell nur für den Abend neu kocht oder wann eine warme Mahlzeit in eurem Familienleben sinnvoll ist.
> Soll es zum Frühstück immer dasselbe geben oder sind Varianten beispielsweise wochentags und am Wochenende möglich?
> Welche Snacks sind in eurer Familie beliebt?
> Wie und wann lassen sich Snacks sinnvoll vorbereiten?
> Womit sind die Brotdosen am besten gefüllt und wer kümmert sich wann darum?
> Was sind Gerichte, die regelmäßig bei euch gegessen werden? Denke auch an die einfachen Sachen, die keine Anleitung benötigen, wie beispielsweise ein Brot mit Schinken und Ei.

Achte bei all diesen Vorüberlegungen darauf, dass du nicht zu viele Varianten einplanst. Das vereinfacht die Vorratshaltung und wird dazu führen, dass du in den einzelnen Arbeitsschritten schneller wirst.

ZUBEHÖR
Stift und Papier

WIE
Was
WANN

(S. 126)

(S. 84)

(S. 102)

Damit dir bei der Planung keine groben Fehler unterlaufen, gibt es hier Tipps aus der Praxis von Planungserfahrenen. Essensplanung funktioniert am besten mit Gerichten, die aus weniger Zutaten bestehen und sich schnell neu kombinieren lassen. Nimm bei jeder Wochenplanung zusätzlich den Kalender der nächsten Woche dazu. Das hilft dir, realistisch zu planen.

Vereinfache dir dein Leben beispielsweise auch mit Lieferservices für Lebensmittel. Nutze Eingefrorenes oder bereits Vorbereitetes. Und: Sei in diesen Wochen nett zu dir selbst. In anstrengenden Wochen brauchen wir uns als Freund an unserer Seite und nicht als Feind, der uns gegenübersteht und an uns herummäkelt.

WICHTIG: PLANE ZEITLICHE PUFFER EIN!

SO KÖNNTE DEIN WOCHENPLAN AUSSEHEN

Der Wochenplan ist ein wichtiges Werkzeug in der Planung. Er unterstützt dich dabei, eine Übersicht zu haben und passende Gerichte je nach Zeit an den unterschiedlichen Tagen einzuplanen, vorzubereiten und entsprechend einzukaufen.

Zu Beginn fällt es vielen Familien schwer, einen Wochenplan zu nutzen. Sie stellen sich das Ganze unflexibel und einschränkend vor. Deshalb denke daran: Du kannst deinen Wochenplan jederzeit über den Haufen werfen und Gerichte tauschen. Vielleicht ist an manchen Tagen doch weniger Zeit und es braucht eine abgespeckte Variante oder etwas anderes kommt dazwischen. Der Wochenplan soll euch helfen und keinen Stress bereiten.

Ein anderes Learning besteht für viele Familien darin, dass sie die Zusammenstellung schwierig finden. Gerade zu Beginn kann es auch sein, dass sich die Gerichte oft wiederholen. Nach ein paar Wochen sieht das aber meist schon anders aus. Variiert mit euren Lieblingsgerichten und probiert neue Gerichte aus.

Manchmal helfen an dieser Stelle **Motto-Tage.** So kann der Mittwoch beispielsweise immer der Tag sein, an dem ihr ein **neues Rezept** probiert. Nehmt hierfür im Idealfall einen Tag, an dem ihr ein wenig Luft und Nerven habt. Ihr könnt auch einen festen Tag als **gemeinsamen Kochtag** festlegen. Je mehr Rituale ihr rund um die Küche einführt, desto weniger Diskussionen habt ihr.

BEISPIEL:

MONTAG: KARTOFFEL-TAG
Neues Menü aus Kartoffeln als Hauptzutat

DIENSTAG: RESTE-TAG
Neues Menü aus Resten

MITTWOCH: NUDEL/REIS-TAG
Neues Gericht zum Ausprobieren, oder Nudeln oder Reis mit Gemüse und einer Soße aus dem Tiefkühler

DONNERSTAG: SUPPEN-TAG
Suppentag mit frischem oder tiefgekühltem Gemüse

FREITAG: SÜSS-TAG
Etwas Süßes für den schönen Start ins Wochenende, beispielsweise Apfelwähe

Gönn dir am WOCHENENDE auch gern mal einen JOKER-TAG, an dem ihr auswärts essen geht.

Mehr auf der nächsten Seite >>

WAS

TIPP
Tagesmotto-Wochenplan

Wenn du dir für jede Woche einen Essensplan machst, musst du nicht mehr am jeweiligen Tag überlegen, was du heute kochst und was du dafür brauchst. Um das Nachdenken zusätzlich zu minimieren, kannst du jedem Wochentag ein Thema geben. Das hilft Kindern, einen Wochenrhythmus zu entwickeln und sich zu orientieren. **Montag wäre z. B. der Kartoffel-Tag, Dienstag der Nudel/Reis-Tag, Mittwoch der Eier-Tag, Donnerstag der Suppen-Tag und Freitag gibt es zum Abschluss der Woche ein süßes Hauptgericht.** Am Wochenende könnt ihr gemeinsam kochen oder es gibt Wunschgerichte. Ein solcher Plan sorgt für eine Struktur und automatisch für Abwechslung ohne großen Aufwand. Am Wochenende planst du nur noch, welches Gericht du jeweils kochst, und sparst in der Woche Zeit. **Du bist viel schneller in der Organisation, kannst gezielt einkaufen und manches vielleicht bereits vorbereiten.**

ANLEITUNG
Plane jetzt einmal die Thementage. Danach erstellst du einen konkreten Menüplan für die nächste Woche. Je nach Alter deiner Kinder lässt du sie an dieser Stelle mitbestimmen. Nutze Kochbücher oder Rezepte im Internet als Anregung. Schreibe die Menüs immer am Wochenende und hänge sie für alle sichtbar auf. Hierfür ist eine Pinnwand oder etwas Ähnliches an zentraler Stelle ideal.

ZUBEHÖR
Notizkarten und Stift

https://mamiblock-shop.de
NÜTZLICHE INSPIRATION

EXTRA-TIPP
Denk dran: Du kannst es nicht jedem jeden Tag Recht machen. Als Ausgleich sind Wunschessen viel Wert. Auch das Einbinden der Kinder beim Kochen hilft bei kleinen Nörglern.

WAS

TIPP

Rezeptsammlung

Es gibt viele Rezeptbücher und Inspirationen in Zeitschriften oder online. Für diese Methode solltest du bei den Rezepten jedoch auf ein paar Punkte achten, damit sie sich wirklich gut nutzen lassen.

Wichtig ist: Weniger ist mehr. Das gilt sowohl für die Zutatenliste als auch für die Komplexität der Zubereitung. Wenn du ein Rezept siehst, bei dem kleinschrittig die einzelnen Komponenten des Gerichts zubereitet werden müssen, frage dich ehrlich, ob das in deinem Familienalltag praktisch ist.

SCHRITT 1: Suche in Zeitschriften, Kochbüchern und online nach leckeren und simplen Rezepten. Sammle sie.

SCHRITT 2: Überleg für dich und auch zusammen mit deiner Familie, was eure Lieblingsrezepte sind. Was esst ihr gerne? Was lässt sich auch ohne Anleitung kochen? Überleg außerdem, was du schon immer gerne ausprobieren wolltest. Schreib dir eigene Rezeptkarten und achte dabei auf die unterschiedlichen Komponenten, damit du sie sinnvoll nutzen kannst (DIY-Rezeptkarten S. 86).

SCHRITT 3: Ordne die Rezepte nach der Hauptzutat.

SCHRITT 4: Einmal in der Woche setzt du beziehungsweise ihr euch hin und legt einen Schlemmerplan fest. Dazu hilft der Tipp «Tagesmotto- Wochenplan» (siehe linke Seite).

ZUBEHÖR
Drucker, Stifte, Papier, Eventuell eine Tafelplatte

EXTRA-TIPP

Der Wunschtag
Gerade bei Kindern ab dem Kindergartenalter ist Mitbestimmen ein wichtiges Thema. Bei der Essensplanung kannst du jede Woche einen Wunschtag einführen. Bei mehreren Kindern kann sich reihum ein Kind sein Lieblingsessen wünschen. Aber auch die Eltern können den Wunschtag durchaus für sich nutzen – besonders bei einem Einzelkind ist das sinnvoll.

WAS

DIY
Rezeptkarten

Die Rezeptkarten sind das Herzstück dieser Methode, weil sie dir viele Punkte erleichtern. Sobald du deine Auswahl an Rezepten hast, kann es losgehen mit den Rezeptkarten. An dieser Stelle findest du ein Beispiel an welchen Stellen du ausfüllen kannst. Alles selbst-Verständlich optional. Natürlich ist es auch möglich, Rezepte aus Magazinen zu sammeln und sie anschließend in die gefaltete Rezeptkarte einzufügen. Dadurch ersparst du dir das Neuschreiben.

ANLEITUNG
Drucke die Vorlagen (A4 Papier) mit dem QR-Code aus. Es gibt drei Varianten, wobei sich lediglich das Symbol unterscheidet. Nun kannst du sie beschriften und danach vorfalzen und wieder öffnen. Natürlich kannst du das Falzen auch erst später bei Bedarf machen. Verwende die Ordnungskarten zur Sortierung (siehe DIY auf Seite 88).

ZUBEHÖR
Stift, Schere, Eventuell Drucker und Handy, Schachtel

SYMBOLE ERKLÄRUNG

 LIEBLINGSREZEPT = KENNST DU, SCHNELL GEKOCHT

 SPEZIAL = NOCH NIE GEKOCHT

 JOKER = AUSWÄRTS ODER LIEFERDIENST

https://qr.de/Rezeptkarten
REZEPTKARTEN ZUM AUSDRUCKEN

PLANUNG UND ORGANISATION

BEISPIEL EINER REZEPTKARTE

Frontseite

ZOODLES CARBONARA

NAME

SAISON | GANZJAHR

ZUBEREITUNGSART

ZUTATEN FÜR 4 PERSONEN

GRUNDSTOCK
- 2 EIGELB
- 50 G FRISCH GERIEBENER PARMESAN
- 2 KNOBLAUCHZEHEN, GEHACKT
- SALZ UND PFEFFER NACH GESCHMACK
- 2 EL OLIVENÖL
- FRISCHE PETERSILIE, GEHACKT, FÜR DIE GARNITUR (OPTIONAL)

SPEZIAL
- 3 MITTELGROSSE ZUCCHINI
- 150 G PANCETTA ODER SPECK, GEWÜRFELT
- 50 G FRISCH GERIEBENER PECORINO ROMANO

15 MIN. AKTIVE ZEIT | 30 MIN. GESAMTZEIT

← EINFÄRBEN

★★ SCHWIERIGKEITSGRAD

Rückseite

SO WIRDS GEMACHT

1) ZOODLES VORBEREITEN: ZUCCHINI WASCHEN, ENDEN ABSCHNEIDEN UND MITHILFE EINES SPIRALSCHNEIDERS ODER GEMÜSESCHÄLERS IN NUDELN ODER «ZOODLES» VERWANDELN. BEISEITE LEGEN.

2) SAUCE VORBEREITEN: IN EINER SCHÜSSEL EIGELB, FRISCH GERIEBENEN PARMESAN UND PECORINO ROMANO VERMENGEN. DIES WIRD DIE CARBONARA-SAUCE.

3) SPECK ANBRATEN: IN EINER PFANNE BEI MITTLERER HITZE OLIVENÖL ERHITZEN UND GEWÜRFELTEN PANCETTA ODER SPECK DARIN ETWA 3–4 MINUTEN KNUSPRIG BRATEN. GEHACKTEN KNOBLAUCH KURZ HINZUFÜGEN UND ANBRATEN.

4) ZOODLES KOCHEN: DIE VORBEREITETEN ZUCCHININUDELN ZUR PFANNE MIT DEM GEBRATENEN SPECK UND KNOBLAUCH GEBEN ETWA 2–3 MINUTEN ANBRATEN, BIS SIE WEICHER WERDEN.

5) CARBONARA-SAUCE HINZUFÜGEN: DIE HITZE AUF EIN MINIMUM REDUZIEREN UND DIE EI-KÄSE-MISCHUNG ÜBER DIE ZOODLES GIESSEN. SCHNELL RÜHREN, UM DIE SAUCE GLEICHMÄSSIG ZU VERTEILEN. DIE HITZE NIEDRIG HALTEN, UM DAS EI NICHT ZU STOCKEN.

6) WÜRZEN: MIT SALZ UND FRISCH GEMAHLENEM SCHWARZEN PFEFFER ABSCHMECKEN.

7) SERVIEREN: OPTIONAL MIT FRISCH GEHACKTER PETERSILIE UND ZUSÄTZLICHEM PARMESAN GARNIEREN. DIE ZOODLES CARBONARA HEISS SERVIEREN.

☐ AUSPROBIERT

WAS

DIY
Ordnungskarten

Mit diesen Ordnungskarten hast du alle Rezepte schnell im Blick. Sie unterteilen die Rezepte nach den Hauptzutaten oder nach Motto und machen es dir so leichter, bei der Planung die entsprechenden Rezepte zu finden. Ebenso hilft jede Form von Struktur, dass alle Familienmitglieder die Rezepte besser nutzen können.

ANLEITUNG

Schneide die Registerkarten aus oder scanne sie per QR-Code und drucke sie aus. Klebe sie zusätzlich auf einen Karton und schneide sie nochmals aus, um sicherzustellen, dass sie stabiler sind. Jetzt kannst du deine gefalteten Rezeptkarten zusammenfassen und jeweils vorne und hinten eine Indexkarte darauf legen. Danach nur noch einen Gummiband drum herum legen – und voilà, fertig! Ihr könnt sie nun so z. B. in eine Schuhschachtel legen. Diese kannst du mit deinen Kindern ansprechend personalisieren, indem ihr etwas daraufschreibt oder eine Collage aufklebt. Gestaltet sie so schön und ansprechend, dass ihr jede Woche Lust habt, die Schachtel zur Hand zu nehmen.

ZUBEHÖR
Schere, Stift, Allenfalls Drucker und Handy, eventuell Material zum Personalisieren

EXTRA-TIPP

Damit deine Rezeptkarten beim Kochen nicht permanent verschwinden oder auf der Arbeitsfläche schmutzig werden, solltest du dir eine Befestigungsart überlegen. Das kann beispielsweise eine Wäscheklammer sein, die du mit einem Klebestrip so befestigst, dass die Karte in einer gut lesbaren Höhe festgeklemmt ist. Je nachdem wo dein Kühlschrank steht, kann sie dort auch mit einem Magnet befestigt werden. Vielleicht hast du auch eine kleine Magnetleiste oberhalb deiner Arbeitsfläche und kannst dort deine Karten hinhängen. Wichtig ist: Sie sind griffbereit und gut sichtbar.

https://qr.de/Ordnungskarten

BESCHREIBBARE ORDNUNGSKARTEN ZUM AUSDRUCKEN

PLANUNG UND ORGANISATION

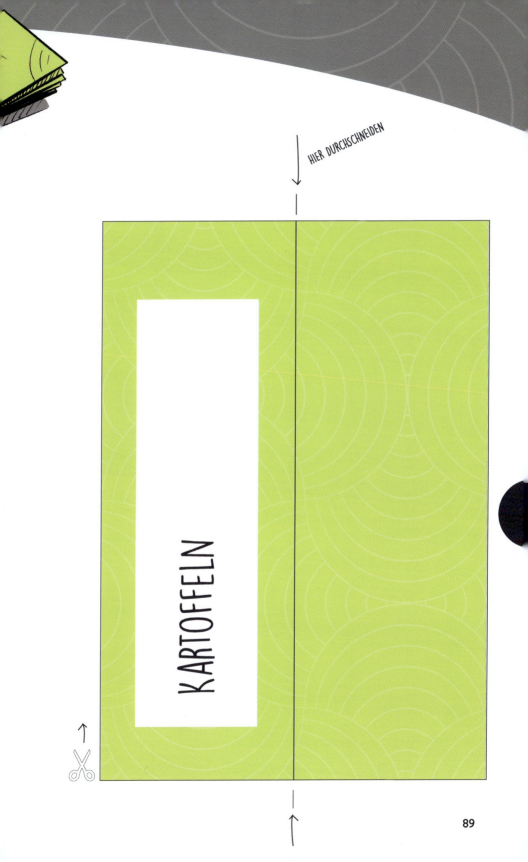

PLANUNG UND ORGANISATION

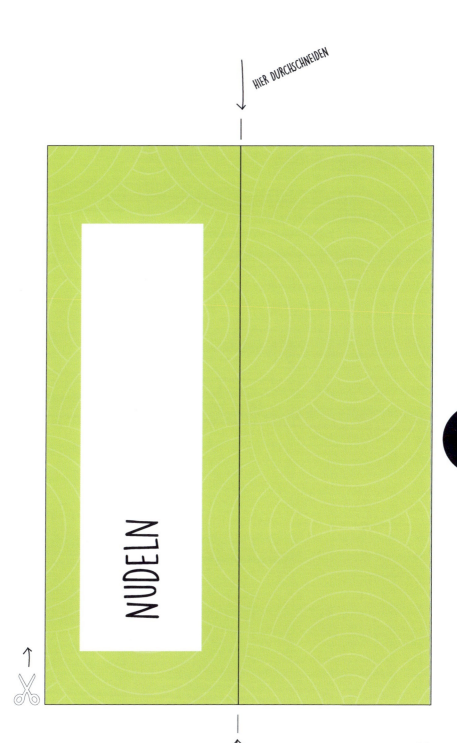

PLANUNG UND ORGANISATION

PLANUNG UND ORGANISATION

PLANUNG UND ORGANISATION

PLANUNG UND ORGANISATION

PLANUNG UND ORGANISATION

DIY

Wochen-Schlemmerplan BLUME/SONNE

Gerade kleinere Kinder finden es schön, wenn die Dekoration in ihrem Zuhause verspielt und freundlich ist. Daher ist diese Wochenplan-Variante perfekt für Familien mit jüngeren Kindern. Beim Basteln kannst du deine Kinder teilweise wunderbar miteinbinden.

ZUBEHÖR
Papier
Pappe
Kleber
Schere
Allenfalls Handy und Drucker
Acrylfarbe zum Anmalen
Sieben Holzklammern
Magnete oder Klebestrip
Eventuell Magnetleiste oder Magnetfarbe
Eventuell Schale oder Becher (für die Form)
Eventuell Stift

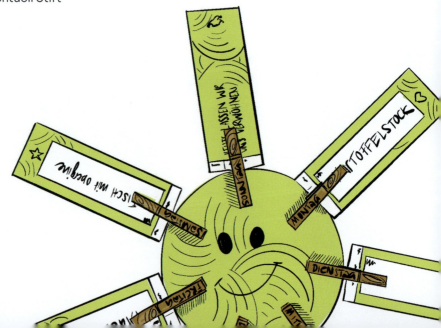

ANLEITUNG

SCHRITT 1: Schneide einen Kreis (ca. 17 cm Durchmesser) aus Papier aus. Nutze hierfür die Vorlage (siehe QR-Code) oder nimm einen großen Becher oder eine Schale als Vorlage.

SCHRITT 2: Unterteile diesen Kreis im Anschluss in sieben Teile und klebe ihn dann auf eine Pappe auf.

SCHRITT 3: Bemale ihn in den Farben, die dir gut gefallen. Das Bemalen können auch wunderbar Kinder übernehmen.

SCHRITT 4: Nimm sieben Wäscheklammern aus Holz und male sie, falls erwünscht, ebenfalls an.

SCHRITT 5: Schreibe im Anschluss die Wochentage darauf. Wenn die Klammern trocken sind, leimst du sie mit der hinteren Seite je auf eines der sieben Teile des Kreises.

SCHRITT 6: Auf die Rückseite des Kreises klebst du nun einen Magneten oder einen Klebestrip auf. Mit diesem kannst du sie dann in der Küche aufhängen. Wenn du Magneten nutzt, bist du etwas flexibler. Überlege, ob du eine Magnetleiste befestigen oder mit Magnetfarbe arbeiten kannst.

EXTRA-TIPP

Wenn du gerne mehr Mahlzeiten pro Tag anheften möchtest, wähle einen größeren Kreis. So kannst du zwei Wäscheklammern anheften und beispielsweise das Mittag- und das Abendessen präsentieren.

https://qr.de/Sonne

KREIS ZUM AUSDRUCKEN

EINKAUFSLISTE ERSTELLEN

Jetzt wissen wir, was, wann und wie wir kochen möchten, sodass wir gezielt einkaufen können.

Wie strukturiert kaufst du bislang ein? Im Alltag zwischen Kindern und Arbeit ist der Einkauf oft ein notwendiges Übel, das wir schnell und gehetzt erledigen. Oftmals sind wir hungrig im Supermarkt unterwegs und kaufen dadurch mehr ein, als wir wollten. Oder wir haben die Kinder im Schlepptau, die uns mit tausend eigenen Vorschlägen bombardieren, und auch das ist je nach Nervenkostüm schwer auszuhalten. Auf diese Weise können schnell deutlich höhere Kosten bei einem Einkauf entstehen, als es sein müsste. Deswegen ist es gerade für Familien so wichtig, den Einkauf zu planen und gut zu strukturieren. Dafür kann je nach Vorliebe die klassische Einkaufsliste oder auch eine App das perfekte Hilfsmittel sein.

Wenn du eine Einkaufsliste schreibst, ist es von Vorteil, an den Aufbau des Ladens zu denken. So sparst du Zeit, weil du einfach auf deiner Liste vorne im Laden beginnst und dich durch das Sortiment arbeitest.

WELCHE ARTEN VON EINKAUFSLISTEN GIBT ES?

TRADITIONELLE EINKAUFSLISTE

Diese handschriftliche Einkaufsliste kannst du entweder auf ein Blankopapier oder auf eine Vorlage schreiben und einfach loslegen. In jedem Fall ist diese Version schnell und unkompliziert und lässt sich für jeden Einkauf nutzen. Der einzige Nachteil bei der traditionellen Einkaufsliste kann die Lesbarkeit sein, wenn eine Person die Liste schreibt und eine andere den Einkauf erledigt.

APPS

Der große Vorteil einer App ist, dass sie von unterschiedlichen Personen und von jedem Ort aus erweitert werden kann. Gerade beim Verteilen des Mental Load kann das ein positiver Aspekt sein. Achte bei den Anbietern darauf, dass ihr alle die Auflistung übersichtlich findet. Wenn nur einer mit der Handhabung gut klarkommt und der andere sich ärgert, nützt die beste App nichts. Bei einigen Anbietern lassen sich auch verschiedene Einkaufslisten gleichzeitig verwalten, wie beispielsweise eine Supermarkt- und eine Drogerie-Liste oder auch eine Einkaufsliste für eine Feier. So lassen sich die Listen pflegen und nichts muss lange im Kopf herumschwirren.

ONLINE-EINKAUF

Gerade wenn ihr mit der Planung beginnt, kann der Online-Einkauf eine echte Zeitersparnis darstellen. Hiermit könnt ihr die Vorräte aufstocken und euren Warenkorb parallel oder direkt im Anschluss an die Wochenplanung entsprechend füllen. Dann lasst ihr euch alles zum nächsten Liefertermin nach Hause liefern.

Vielleicht fühlt es sich für dich zunächst seltsam an, deinen Einkauf online zu bestellen. Aber gerade Familien mit kleinen Kindern profitieren sehr von diesen Angeboten. Du musst dir kein Zeitfenster mehr für den Einkauf freischaufeln, gehetzt zwischen Arbeit und Kinder-Abholen in den Supermarkt sprinten oder mit müden Kindern Dramen in der Schlange erleben.

Die Möglichkeit des Online-Einkaufs kann Familien sehr entlasten. Probiere das für dich aus. Zum Beispiel kannst du dir einen Großeinkauf in der Woche liefern lassen oder einmal im Monat die wichtigen Vorräte online kaufen. Schau einfach, was euch entlastet. Bei den meisten Anbietern kannst du sogar noch einen Tag vor der Lieferung Artikel stornieren oder ergänzen. Damit ist auch eine gewisse Spontanität möglich.

LEBENSMITTEL-GRUNDSTOCK

Beim Thema «Lagerung» haben wir bereits gesehen, was den Grundstock ausmachen könnte. Jetzt fehlen noch Haushalts- und Hygieneartikel sowie andere Dinge. Auf dieser Grundlage können wir unsere Einkaufsliste erstellen.

Eure Grundausstattung hängt von euren persönlichen Vorlieben und Gewohnheiten ab. Vielleicht nimmt keiner von euch Zucker oder es trinkt niemand Kaffee. Möglicherweise esst ihr viel Quark als Snack und dieser muss daher immer im Haus sein. Oder ihr habt ein Lieblingsgewürz wie Vanille, Paprika oder Zimt, das ihr fast täglich benutzt. Vielleicht seid ihr Vegetarier oder Veganer – und braucht damit eine ganz andere Grundausstattung. Mit dem folgenden Tipp (Seite 108) könnt ihr eure individuelle Einkaufsliste erstellen.

Ähnlich wie bei der Lagerung können auch hier die Zutaten nach Kategorien sortiert werden, um den Überblick zu erleichtern.

- FRÜCHTE UND GEMÜSE
- BROT UND GEBÄCK
- MILCH UND KÄSE
- FLEISCH UND FISCH
- ZUTATEN UND GEWÜRZE
- FERTIG- UND TIEFKÜHLPRODUKTE
- GETREIDEPRODUKTE
- SNACKS UND SÜSSWAREN
- HAUSHALT
- PFLEGE UND GESUNDHEIT
- TIERBEDARF
- BAUMARKT UND GARTEN
- SONSTIGES

TIPP: Wenn die Kinder schon etwas älter sind, können sie die «Lagerbeauftragten» sein, die anhand der Liste regelmäßig die Vorräte überprüfen. Das kann bedeuten, dass sie einmal im Monat eine Bestandsaufnahme machen und anhand einer Liste oder App die Info an euch weitergeben.

TIPP

Unsere Einkaufsliste

Es gibt Artikel, die ihr immer wieder braucht. Daher lohnt sich eine Vorlage für eure Einkaufsliste. Damit sie wirklich zu euch und euren Essgewohnheiten passt, solltet ihr euch möglichst etwas mehr Zeit nehmen, um sie zu erstellen. Da jeder individuell isst, ist das Erarbeiten dieser Liste ein notwendiges Übel. Aber wenn du in Zukunft eine optimal zu euch passende Liste hast, musst du nur noch die einzelnen Zutaten ankreuzen und sie vielleicht minimal ergänzen. Eine solche Liste kann an einer prominenten Stelle in der Küche ausgehängt werden. So kann jeder dort aufschreiben, wenn etwas leer sein sollte.

ANLEITUNG

Geht eure Lieblingsrezepte durch und stelle daraus eine Liste eurer Grundzutaten zusammen. Achte darauf, von diesen Zutaten immer einen entsprechenden Vorrat im Haus zu haben. Dieser Vorrat muss von der Menge zu eurem individuellen Bedarf passen. Angenommen, ihr esst gerne Pfannkuchen und es gibt sie einmal in der Woche: Der Bedarf an Mehl und Eiern richtet sich nach der Anzahl an Personen, die bei euch im Haushalt leben. Allerdings kann er zusätzlich steigen, wenn die Kinder älter werden und sich in den Wachstumsphasen in kleine Raupen verwandeln, die ständig essen. Bedenke all diese Faktoren bei der Vorratsplanung. Diese Liste für eure Grundausstattung dient als Ausgangspunkt für jede Einkaufsliste und sollte im besten Fall vorab kurz kontrolliert werden.

Halte also deinen Grundstock auf dieser Liste fest, drucke sie gegebenenfalls aus und kopiere sie am besten mehrfach. Auf diese Weise musst du nur noch ankreuzen, was gekauft werden muss, und die speziellen Zutaten ergänzen.

ZUBEHÖR
Stift, Drucker und/oder Kopierer

BEISPIEL AUSGEFÜLLTE LISTE

GRUNDZUTATEN		SPEZIAL
☒ SALAT	☐ MEHL	☐ VANILLESCHOTEN
☐ BROCCOLI	☐ BACKHEFE	☐ KORIANDER
☐ ZUCCHETTI	☐ SALZ	☐
☒ KARTOFFELN	☐ PFEFFER	☐
☐ KAROTTEN	☐ FRISCHE KRÄUTER: PETERSILIE	☐
☐ TOMATEN	☒ TOMATENPÜREÉ	☐
☒ FRÜCHTE: BANANEN, ÄPFEL	☐ ÖL	☐
☐ ZITRONEN	☐ ESSIG	☐
☐ ZWIEBELN: 3	☐ WASCHMITTEL	☐
☒ KNOBLAUCH	☐ SPÜHLMITTEL	☐
☐ FISCH	☐ BADREINIGER	☐
☐ FLEISCH: POULET	☐ ZAHNPASTA	☐
☐ MILCH	☐ TOILETTENPAPIER	☐
☒ RAHM	☒ DOUCHE	☐
☒ EIER	☐ SHAMPOO	☐
☐ JOGHURT	☐ BABYPUDER	☐
☒ KAFFEÉ	☒ KATZENFUTTER	☐
☐ ZUCKER	☒ PFLANZENDÜNGER	

Schwarze Schrift: bereits geschrieben und kopiert
Blaue Schrift: Bei Bedarf dazugeschrieben

https://qr.de/Einkaufsliste

EINKAUFLISTE ZUM AUSDRUCKEN

Gemüse-Saisonkalender

KI recherchiert

	JANUAR	FEBRUAR	MÄRZ	APRIL	MAI	JUNI	JULI	AUGUST	SEPTEMBER	OKTOBER	NOVEMBER	DEZEMBER
ARTISCHOKE							F	F	F	F	L	L
AUBERGINE							F	F	F	F		
BLUMENKOHL					F	F	F	F	F	F	F	
BOHNEN						F	F	F	F		L	L
BROKKOLI						F	F	F	F	F	F	
BUTTERNUT-KÜRBIS	L	L						F	F	F	F	L
CHAMPIGNON	F	F	F	F	F	F	F	F	F	F	F	F
CHINAKOHL	L	L							F	F	F	L
ERBSEN					F	F	F	F				
FENCHEL						F	F	F	F	F		
FRÜHLINGSZWIEBEL			F	F	F	F	F	F	F	F		
GRÜNKOHL	L	L								F	F	F
KARTOFFEL	L	L	L	L		F	F	F	F	F	L	L
KNOLLENSELLERIE	L	L	L	L				F	F	F	F	L
KOHLRABI					F	F	F	F	F	F		
KÜRBIS	L	L						F	F	F	F	L
MAIRÜBE				F	F	F						
MAIS							F	F	F	F		
MANGOLD					F	F	F	F	F	F	L	
MEERRETICH	L	L							F	F	F	L
MÖHRE	L	L	L	L		F	F	F	F	F	L	L
PAPRIKA						F	F	F	F	F		L
PASTINAKE	L	L	L						F	F	F	L
PETERSILIENWURZEL	L	L	L						F	F	F	L

■ Frische Ernte   ■ Lagerung

Diese Angaben können je nach Ihrem Standort und örtlichen Markt variieren.

EINKAUFSLISTE

Saisonkalender

https://qr.de/Saisonkalender

ZUM AUSDRUCKEN

KI recherchiert

	JANUAR	FEBRUAR	MÄRZ	APRIL	MAI	JUNI	JULI	AUGUST	SEPTEMBER	OKTOBER	NOVEMBER	DEZEMBER
PFIFFERLING						■	■	■	■	■		
LAUCH/PORREE					▨	▨	▨	▨	■	■	■	■
PORTULAK/POSTELEIN				■	■	■	■	■	■	■		
RADIESCHEN				■	■	■	■	■	■	■		
RETTICH					■	■	■	■	■	■	▨	▨
RHABARBER				■	■	■						
ROMANESCO							■	■	■	■	■	
ROSENKOHL	▨	▨	▨	▨					■	■	■	■
ROTE BETE	▨	▨	▨			■	■	■	■	■	▨	▨
ROTKOHL	▨	▨	▨			■	■	■	■	■	▨	▨
SALATGURKE					■	■	■	■	■	▨		
SCHALOTTE	▨	▨	▨				■	■	■	▨	▨	▨
SPARGEL				■	■	■						
SPINAT	▨	▨	■	■	■			■	■	■	▨	▨
SPITZKOHL				■	■	■	■	■	■	■		
STAUDENSELLERIE						■	■	■	■	■	■	
STECKRÜBE	▨	▨	▨						■	■	■	▨
STEINPILZ						■	■	■	■	■		
SÜSSKARTOFFELN	▨	▨	▨	▨	▨	▨	▨	▨	■	■	▨	▨
TOMATE						■	■	■	■	■	▨	
WEISSKOHL	▨	▨	▨			■	■	■	■	■	▨	▨
WIRSING	▨	▨				■	■	■	■	■	■	▨
ZUCCHINI						■	■	■	■	■		
ZWIEBEL	▨	▨	▨				■	■	■	■	▨	▨

■ Frische Ernte ▨ Lagerung

Obst und Nüße-Saisonkalender

KI recherchiert

	JANUAR	FEBRUAR	MÄRZ	APRIL	MAI	JUNI	JULI	AUGUST	SEPTEMBER	OKTOBER	NOVEMBER	DEZEMBER
APFEL	L	L	L	L				F	F	F	L	L
APRIKOSE							F	F	L	L		
BIRNE	L							F	F	F	L	L
BROMBEERE							F	F	F	L		
ERDBEERE					F	F	F					
ESSKASTANIEN	L	L	L						F	F	F	L
HAGEBUTTE									F	F	F	
HASELNUSS	L	L							F	F	L	L
HEIDELBEERE							F	F	F			
HIMBEERE						F	F	F	F			
HOLUNDERBEERE								F	F	F		
HOLUNDERBLÜTE					F	F						
JOHANNISBEERE						F	F	F				

Frische Ernte ▪ Lagerung

Diese Angaben können je nach Ihrem Standort und örtlichen Markt variieren.

ZUM AUSDRUCKEN

KI recherchiert

	JANUAR	FEBRUAR	MÄRZ	APRIL	MAI	JUNI	JULI	AUGUST	SEPTEMBER	OKTOBER	NOVEMBER	DEZEMBER
KIRSCHE						Frisch	Frisch	Frisch				
MAULBEERE							Frisch	Frisch	Frisch			
MIRABELLE							Frisch	Frisch	Frisch	Lager		
NEKTARINE							Frisch	Frisch	Frisch			
PFIRSICH							Frisch	Frisch	Frisch			
PFLAUME								Frisch	Frisch	Frisch		
QUITTE									Frisch	Frisch	Frisch	
STACHELBEERE						Frisch	Frisch	Frisch				
WALNUSS	Lager	Lager							Frisch	Frisch	Lager	Lager
WASSERMELONE							Frisch	Frisch	Frisch			
STACHELBEERE						Frisch	Frisch	Frisch				
WEINTRAUBE	Lager	Lager						Frisch	Frisch	Frisch	Lager	Lager
ZWETSCHGE								Frisch	Frisch	Frisch		

□ Frische Ernte   ■ Lagerung

KOCHEN
SCHNELL UND EINFACH

An welche Gerichte aus deiner Kindheit erinnerst du dich mit einem Wohlgefühl in deinem Bauch? Bei den wenigsten Erwachsenen sind es Erinnerungen an aufwendige Mahlzeiten von besonderen Anlässen. Die liebsten Erinnerungen gehören zu den Rezepten, die es immer wieder im Alltag gab: Kartoffelbrei und Spinat mit einem als Pilz dekorierten Ei-Tomaten-Duo, Pfannkuchen oder die Lieblingssuppe.

Gerade mit kleinen Kindern gewinnen die einfachen Rezepte mit wenig Zutaten und Geling-Garantie an Bedeutung. Indem sie auch den Kleinen schmecken, erleichtern sie bereits dadurch die gemeinsamen Mahlzeiten. Sinnvoll ist es, wenn du die Lieblinge der Familie für dich festhältst. So hast du einfache und schnelle Rezepte, die du gut kombinieren kannst. Mach dir an dieser Stelle das Leben leichter.

Dieses Kapitel liefert dir Ideen, wie du zu euch passende Lieblingsmahlzeiten bastelst. Damit erleichterst du dir in der Gegenwart das Leben, und es werden diese simplen Gerichte sein, an die sich deine Kinder später mit der größten Freude erinnern.

6 ARTEN Nahrung HALTBAR ZU MACHEN

In der gut ausgestatteten Familienküche ist es ein wichtiges Thema, wie Lebensmittel haltbar gemacht werden können. Warum das notwendig und sinnvoll sein kann? Vielleicht hast du etwas eingekauft, was du dann doch nicht verwendest, oder etwas ist in der Menge zu viel und muss so bis zur nächsten Nutzung haltbar bleiben. Möglicherweise habt ihr aber auch einen Garten, der abgeerntet werden kann, und im Anschluss sollen die Lebensmittel so lange wie möglich halten. Was auch immer eure Gründe sind, es ist sinnvoll, die unterschiedlichen Methoden zu kennen. Das Haltbarmachen von Lebensmitteln ist gerade mit Kindern ein bedeutendes Thema, weil du ihnen hierbei vermitteln kannst, wie sie gut mit Ressourcen umgehen. Die sechs gängigen Arten unterscheiden sich sowohl im Aufwand als auch darin, wofür sie ideal sind. Bei der Haltbarmachung ist erneut wichtig, dass jeder von euch alles übersichtlich verstaut und klar beschriftet. Denn nur so können im Anschluss alle Familienmitglieder die Lebensmittel gleichberechtigt nutzen.

1 EINFRIEREN (MEHR AUF SEITE 119)
Gemüse kann eingefroren werden, um es über längere Zeit aufzubewahren. Vor dem Einfrieren sollte das Gemüse gewaschen, geschnitten und blanchiert werden, damit die Qualität erhalten bleibt.

2 EINLEGEN (MEHR AUF SEITE 119)
Gemüse kann in Essig, Salz und Zucker eingelegt werden. Das Verfahren konserviert das Gemüse und gibt ihm einen besonderen Geschmack.

3 TROCKNEN (MEHR AUF SEITE 120)
Gemüse kann in der Sonne oder im Backofen getrocknet werden. Getrocknetes Gemüse lässt sich lange aufbewahren und eignet sich gut für Suppen, Eintöpfe und Soßen.

4 KONSERVIEREN IN ÖL (MEHR AUF SEITE 120)
Gemüse kann in Öl konserviert werden, um es länger haltbar zu machen. Hierbei sollte man darauf achten, das Gemüse vollständig mit Öl zu bedecken, um es vor Luft und Feuchtigkeit zu schützen.

5 EINKOCHEN (MEHR AUF SEITE 121)
Gemüse lässt sich durch Einkochen haltbar machen. Das Gemüse wird in Gläser abgefüllt und in einem speziellen Einkochtopf erhitzt, um es zu konservieren.

6 FERMENTIEREN (MEHR AUF SEITE 121)
Fermentieren erhält Lebensmittel mit Mikroorganismen wie Sauerkraut, Kimchi und Joghurt. Dies verändert Geschmack und fördert die Darmgesundheit durch Probiotika.

Es gibt noch andere Möglichkeiten, Gemüse haltbar zu machen, aber dies sind einige der gängigsten Methoden. Welche Methode man wählt, hängt von mehreren Faktoren ab, wie dem Gemüse selbst, der verfügbaren Zeit und den persönlichen Vorlieben.

WAS EIGNET SICH FÜR ANFÄNGER?
Einfrieren ist die perfekte Anfänger-Methode, um Lebensmittel haltbar zu machen. Du brauchst nicht viel Zubehör. Nach der richtigen Aufbereitung des Gemüses oder Obstes füllst du es nur in einen Gefrierbeutel oder -behälter und frierst es ein. Versieh es am besten außen mit einem Etikett, auf dem das Datum und der Inhalt stehen.

Methoden wie Einlegen in Öl oder das Trocknen erfordern etwas mehr Fachwissen und Sorgfalt. Wenn du die Lebensmittel in diesem Zustand jedoch magst, solltest du über deinen Schatten springen und es ausprobieren. Das Einkochen ist ebenfalls nicht schwer, aber zeitintensiv. Gerade Marmeladen lassen sich jedoch wunderbar mit Kindern zubereiten.

WAS BEDEUTEN DIESE SYMBOLE?

Die Symbole auf den Behältern können je nach Hersteller und Region variieren. Achte daher stets auf die Angaben des Herstellers, wo und wofür du das Behältnis nutzen kannst.

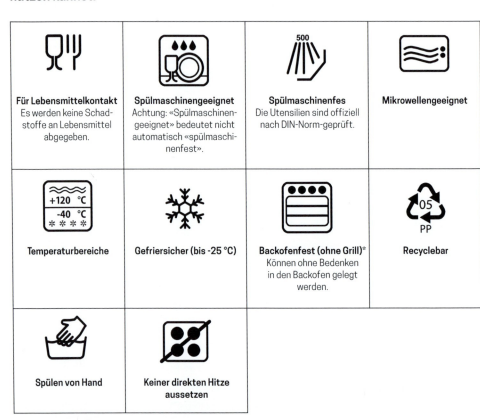

Für Lebensmittelkontakt Es werden keine Schadstoffe an Lebensmittel abgegeben.	**Spülmaschinengeeignet** Achtung: «Spülmaschinengeeignet» bedeutet nicht automatisch «spülmaschinenfest».	**Spülmaschinenfes** Die Utensilien sind offiziell nach DIN-Norm-geprüft.	**Mikrowellengeeignet**
Temperaturbereiche	**Gefriersicher (bis -25 °C)**	**Backofenfest (ohne Grill)*** Können ohne Bedenken in den Backofen gelegt werden.	**Recyclebar**
Spülen von Hand	**Keiner direkten Hitze aussetzen**		

Die Darstellung einiger Symbole sind nicht eindeutig festgelegt.

WEITERE SYMBOLE: VERBRAUCHERZENTRALE

EINFRIEREN

Natürlich ist es besser, frisch zu kochen. Aber manchmal muss es schnell gehen, zum Beispiel wenn durch einen Termin die Planung durcheinandergekommen ist und Lebensmittel verkommen könnten. Da ist es clever, Gemüse und auch Obst einzufrieren. Beim Obst kannst du beispielsweise die passenden Portionen für Smoothies einfrieren und damit deinen Kindern erleichtern, diese selbst zuzubereiten.

Reis, Couscous, Tomatensoße oder Ähnliches kannst du in Silikonförmchen einfrieren, die gute Portionen für kleine Esser ergeben.

YOUTUBE
TUTORIAL

EINLEGEN

Durch das Einlegen von Früchten und anderem in Zucker, Salz, Öl oder Essig entziehst du ihnen Wasser und nimmst Keimen die Möglichkeit zu wachsen. Wasche und putze die Zutaten zunächst gründlich. Vermische sie im Anschluss gut mit dem entsprechenden Mittel zum Einlegen.

WAS KANNST DU EINLEGEN?
> **Beeren und Steinobst**
> **Essig:** Bohnen, Essiggurken, Blumenkohl, Karotten, Knollensellerie, Maiskölbchen, Mixed Pickles, Rote Bete, Peperoni oder Zwetschgen
> **Öl:** Gemüse
> **Salz:** Fisch, Fleisch, Käse, Kapern und Oliven
> **Zucker:** Blüten, Chilis, Früchte, Kräuter und Vanille

WIE LANGE IST ES HALTBAR?
In Essig oder Öl Eingelegtes hält sich gut vier bis sechs Monate.

YOUTUBE
TUTORIAL

TROCKNEN

Das Trocknen von Lebensmitteln ist eine bewährte Methode zur Haltbarmachung und Geschmackskonservierung. Ideal für Obst, Gemüse, Kräuter, aber Vorsicht bei Fleisch und Fisch, die leicht verderben können. Beliebte getrocknete Lebensmittel sind **Äpfel, Bananen, Tomaten, Pilze** und **Kräuter wie Basilikum** oder **Oregano**.

Der Trocknungsprozess entzieht den Lebensmitteln Feuchtigkeit und erfolgt durch Sonnentrocknung, Lufttrocknung oder Dörrgeräte. Vorteile sind kompakte Lagerung, leichter Transport und Abfallreduzierung. Getrocknete Lebensmittel behalten Nährstoffe und Geschmack, obwohl einige Nachteile wie der zeitaufwendige Prozess bestehen, der mehrere Stunden bis Tage dauern kann. Mit sorgfältiger Planung und richtigen Methoden können Sie saisonale Ernten bewahren und genießen und gleichzeitig Ihre Vorräte verlängern.

YOUTUBE TUTORIAL

KONSERVIEREN IN ÖL

Geeignet sind Lebensmittel mit niedrigem Wassergehalt wie **Knoblauch, Tomaten, Kräuter, Paprika und Fisch**. Die Wahl des Öls ist entscheidend, oft verwendet man Olivenöl, Rapsöl oder Sonnenblumenöl.

Um Lebensmittel in Öl zu konservieren, schneidet man sie in kleine Stücke, legt sie in ein verschließbares Glas und gießt Öl darüber, um sie vollständig zu bedecken. Das Glas wird luftdicht verschlossen und an einem kühlen, dunklen Ort gelagert. Die Vorteile sind die lange Haltbarkeit und der erhaltene Geschmack. Ein Nachteil ist das Risiko von Botulismus, wenn nicht sauber gearbeitet wird. Saubere Gläser und Lebensmittel sind entscheidend, um dieses Risiko zu minimieren. Insgesamt ist die Konservierung in Öl eine großartige Möglichkeit, den Geschmack der Saison das ganze Jahr über zu genießen, wenn sie sicher durchgeführt wird.

YOUTUBE TUTORIAL

EINKOCHEN

Einkochen kann in Einkochtöpfen oder im Backofen erfolgen, bei Temperaturen von 75 bis 120 Grad. Das Einkochgut wird in saubere Gläser mit Bügelverschluss oder Gummiring gefüllt, Früchte müssen vollständig bedeckt sein, und oben sollten 2 bis 3 cm Platz bleiben. Verschlossene Gläser werden in eine mit 2 bis 3 cm Wasser gefüllte Bratwanne gestellt und in den vorgeheizten Backofen (160 bis 195°C) auf die unterste Schiene platziert. Die Einkochzeit beginnt, wenn Luftbläschen in den Gläsern aufsteigen.

WAS KANNST DU EINKOCHEN?
Beeren, Erbsen, grüne Bohnen, Kohlgemüse, Obst, Pilze, Rhabarber, Tomaten, Wurzelgemüse, Zucchini, Fruchtmus, Kompotte, Röster, Tomatensoße, Sugo.

WIE LANGE IST ES HALTBAR?
Eingekochtes ist über ein Jahr haltbar, aber aufgeblähte oder geöffnete Deckel bedeuten Entsorgung.

YOUTUBE TUTORIAL

FERMENTIEREN

Auch die sogenannte Milchsäuregärung ist eine alte Technik. Hierbei lässt du Milchsäurebakterien ihre Arbeit machen. Wenn du Sauerkraut herstellst, hobelst du zunächst den Kohlkopf. Pro Kilogramm Kohl gibst du nun 5 bis 7 Gramm Salz hinzu. Du kannst Gewürze wie Lorbeer und Wacholder dazugeben. Fülle alles in ein sauberes Gefäss. Nun stampfst du es so lange, bis sich eine Flüssigkeit an der Oberfläche bildet. Bei zu wenig Flüssigkeit füllst du Salzlake nach. Decke nun das Gefäss ab und starte damit den Gärprozess. Vier bis sechs Wochen später ist das Sauerkraut fertig.

DAS KANNST DU FERMENTIEREN?
Fast alle Gemüse und Obst wie Äpfel, Cranberrys und Zitrusfrüchte.

WIE LANGE IST ES HALTBAR?
Fermentierte Lebensmittel gelten als sechs bis zwölf Monate haltbar.

YOUTUBE TUTORIAL

«Die besten Partys enden immer in der Küche, wo Freunde und Familie sich um den Herd versammeln.»

Unbekannt

ZUM AUSDRUCKEN

TIPP
...falls du sie noch nicht kennst...

ANLEITUNG

HOLZLÖFFEL GEGEN ÜBERLAUFENDES WASSER

In der Familienküche hast du selten Zeit, entspannt neben dem Topf zu stehen und zu schauen, wie das Wasser kocht. Oft ruft dich jemand oder du musst an anderer Stelle nur noch schnell etwas sortieren, während die Nudeln kochen. Und du kannst sicher sein, wenn du wiederkommst, kocht das Nudelwasser über. Um das in Zukunft zu vermeiden, gibt es einen simplen Trick: **Du nimmst den Deckel ab und legst einen Holzlöffel quer über den Topf.**

ANLEITUNG

KRÄUTER SCHNEIDEN

Kräuter zu hacken, geht lediglich professionellen oder sehr erfahrenen Köchen beneidenswert schnell von der Hand. Wenn du beides nicht bist, **wäschst du die Kräuter einfach und füllst sie in ein Glas. Anschließend schneidest du sie in dem Glas mit einer sauberen Schere.** Keine Sauerei mehr in der Küche und die ganzen Kräuter sind im Nu geschnitten.

PILZE IM EIERSCHNEIDER SCHNEIDEN

Mit diesem simplen Trick hast du eine Schale Pilze im Handumdrehen geschnitten. **Putze sie einmal gründlich und schneide sie dann mit dem Eierschneider in gleichmäßige Scheiben.** Das ist im Übrigen auch eine gute Tätigkeit für Kinder.

NUDELN ABGIESSEN

Um mit wenigen Griffen und wenig Zeit Nudeln abzugießen, muss dein Sieb nur genauso breit sein wie der Topf. Dann kannst du es **falschrum auf den Topf legen und alles über dem Waschbecken umdrehen.**

BANANE SCHÄLEN OHNE FÄDEN

Mögen deine Kinder keine Fäden bei den Bananen? Damit die Welt nicht in Geschrei untergeht, musst du immer wieder die Fäden einzeln entfernen? Mach es dir in Zukunft leichter und **schäle die Banane andersrum.** Hierfür schneidest du den unteren Teil ab und schälst dann in die andere Richtung. So lösen sich die Schale und die Fäden anders und du musst nicht fummeln.

KNOBLAUCH SCHÄLEN

Kennst du das, wenn deine Hände noch einen Tag später diesen Geruch haben, weil du Knoblauch geschält hast? Um das zu umgehen, brauchst du lediglich ein Glas mit einem Deckel. **Du drückst mit dem Glas von oben auf den Knoblauch, legst ihn dann hinein und schraubst den Deckel zu. Danach schüttelst du das Glas tüchtig.** Kinder lieben diesen Zaubertrick.

WIE

4 Zubereitungs-ARTEN

Essen kannst du auf verschiedene Arten zubereiten und dabei Zeit sparen. Dieses Buch liefert dir ein paar praktische Ideen, die dir auch helfen, Rezeptkarten danach zu schreiben und dementsprechend zu planen. Die Vorlagen für die Rezeptkarten findest du im DIY auf Seite 86.

Deine Wochenplanung kannst du nach unterschiedlichen Varianten gestalten. Probiere gern aus, was zu dir passt. Plane beispielsweise mit Resten oder koche extra mehr von einer Grundzutat. Wandle Rezepte ab oder wähle jeden Tag etwas Neues. Wichtig ist, dass die Planung zu dir und deiner Familie, eurem Wesen und euren Bedürfnissen passt. Die Ideen, wie du kombinieren und planen kannst, sind grenzenlos.

ABKÜRZUNGEN
- TL Teelöffel
- EL Esslöffel
- PK Päckchen
- TK Tiefkühlprodukt
- T   Tasse

ONE-POT-METHODE

Dieser Trend hat in den letzten Jahren die meisten Familienküchen erobert und hält sich dort sicher unter den Favoriten. Kein Wunder: Weniger Abwasch und schnelle Zubereitung passen optimal in den Familienalltag.

In der One-Pot-Küche werden alle Zutaten in einen Topf geworfen und zusammen gegart. Ein klassisches One-Pot-Gericht wäre ein Eintopf. Das Schöne an dieser Kochvariante: Es geht schnell und ergibt gesundes «Fastfood», das sich abwechslungsreich zubereiten lässt.

Was du hierfür auf jeden Fall in deiner Küche brauchst, sind große beschichtete Töpfe und Pfannen. Viele One-Pot-Gerichte werden in einer tiefen Pfanne gekocht.

Die Basis der Gerichte bilden in der Regel Nudeln, Reis oder Kartoffeln. Diese kombinierst du je nach Rezept mit einem Gemüse deiner Wahl, einer Brühe, Milch, Kokosmilch, Sahne oder etwas Ähnlichem. Fleisch oder Fisch können zunächst scharf angebraten werden, bevor die anderen Zutaten in den Topf kommen.

Das Wunder der One-Pot-Küche ist, dass alle Zutaten in einen Topf oder eine Pfanne kommen und nach 10 bis 15 Minuten fertig sind. Es sind ein paar kleine Tricks notwendig, damit das immer hinkommt. Verwende zum Beispiel kleine Nudeln mit einer geringeren Garzeit oder greife beim Reis auf den 10-Minuten-Reis zurück. Kartoffeln oder Süßkartoffeln schneidest du in sehr kleine Stücke, damit sie entsprechend gar werden.

Eine kleine Hürde ist die richtige Menge der Flüssigkeit, denn die Zutaten müssen zum Garen zu jedem Zeitpunkt mit ausreichend Flüssigkeit bedeckt sein. Damit deine Soße am Ende jedoch nicht zu wässrig ist, kann es sinnvoll sein, mit etwas weniger Flüssigkeit zu starten und dann lieber regelmäßig aufzugießen. Du kannst dafür einfach Wasser nehmen, mehr Würze erhältst du jedoch mit einer Brühe. Bei kleineren Kindern sollte diese aber eher dünn sein. Ebenso kannst du die Flüssigkeit je nach Gericht aus Brühe, Milch, Sahne, Kokosmilch, Sojamilch oder auch Tomatensoße mischen.

In der Mitte falzen

PAPRIKA–QUINOA

NAME

SAISON
SOMMER | ONE–POT

ZUTATEN FÜR 4 PERSONEN

GRUNDSTOCK

- 2 T GEMÜSEBRÜHE
- 1 DOSE (400 G) KICHERERBSEN, ABGESPÜLT UND ABGETROPFT
- 1 TL OLIVENÖL
- SALZ UND PFEFFER
- NACH GESCHMACK OPTIONAL: GEHACKTE FRISCHE
- KRÄUTER (Z.B. PETERSILIE) ZUM GARNIEREN

SPEZIAL

- 1 TL QUINOA
- 2 PAPRIKASCHOTEN (Z. B. ROT UND GELB), GEWÜRFELT
- 1 ZUCCHINI, GEWÜRFELT

Ca. 15 MIN.
AKTIVE ZEIT | Ca. 30 MIN.
GESAMTZEIT

★☆☆☆ LEICHT

HIER KÖNNEN DIE KIDS* MITHELFEN
* je nach Alter

SO WIRDS GEMACHT

1) IN EINEM GROSSEN TOPF DAS OLIVENÖL ERHITZEN.

2) DIE GEWÜRFELTEN* PAPRIKASCHOTEN UND ZUCCHINI HINZUFÜGEN UND FÜR ETWA 3 BIS 4 MINUTEN ANBRATEN, BIS SIE LEICHT GEBRÄUNT SIND.

3) DIE QUINOA HINZUFÜGEN UND FÜR WEITERE 1 BIS 2 MINUTEN ANBRATEN, UM SIE LEICHT ZU RÖSTEN.

4) DIE ABGESPÜLTEN KICHERERBSEN IN DEN TOPF GEBEN UND ALLES GUT VERMENGEN.

5) DIE GEMÜSEBRÜHE HINZUFÜGEN UND ZUM KOCHEN BRINGEN.

6) DIE HITZE REDUZIEREN, DEN TOPF ABDECKEN UND DIE MISCHUNG FÜR ETWA 15 BIS 20 MINUTEN KÖCHELN LASSEN, BIS DIE QUINOA GEKOCHT IST UND DIE FLÜSSIGKEIT AUFGESOGEN WURDE. GELEGENTLICH UMRÜHREN.

7) MIT SALZ UND PFEFFER ABSCHMECKEN.

8) NACH WUNSCH MIT GEHACKTEN FRISCHEN KRÄUTERN GARNIEREN UND SERVIEREN.

DIESES EINFACHE REZEPT IST REICH AN PROTEINEN UND BALLASTSTOFFEN AUS DER QUINOA UND DEN KICHERERBSEN UND ENTHÄLT REICHLICH GEMÜSE. DIE BUNTEN PAPRIKASCHOTEN MACHEN ES AUCH FÜR KINDER ANSPRECHEND. ES IST IN WENIGER ALS 30 MINUTEN FERTIG UND EINE GESUNDE MAHLZEIT FÜR DIE GANZE FAMILIE!

☐ AUSPROBIERT

Ausschließlich für den Gebrauch mit speziellen Kinder-Messern.

In der Mitte falzen

ZUTATEN FÜR 4 PERSONEN

GRUNDSTOCK

- 1 T UNGEKOCHTER REIS
- 1 ZWIEBEL, GEWÜRFELT
- 2 T HÜHNERBRÜHE
- SALZ UND PFEFFER NACH GESCHMACK

SPEZIAL

- 2 HÄHNCHENBRUSTFILETS, GEWÜRFELT
- 2 T BROKKOLIRÖSCHEN

BROKKOLI UND HÜHNCHEN

NAME

SAISON
HERBST | ONE-POT

Ca. 15 MIN.
AKTIVE ZEIT

Ca. 30 MIN.
GESAMTZEIT

★☆☆☆ LEICHT

SO WIRDS GEMACHT

① ERHITZE ETWAS ÖL IN EINEM GROSSEN TOPF ODER EINER PFANNE MIT HOHEM RAND BEI MITTLERER HITZE.

② BRATE DIE GEWÜRFELTEN HÄHNCHENBRUSTFILETS AN, BIS SIE LEICHT GEBRÄUNT SIND.

③ FÜGE DIE GEWÜRFELTE ZWIEBEL HINZU UND BRATE SIE KURZ AN, BIS SIE WEICH WIRD.

④ GIB DEN UNGEKOCHTEN REIS UND DIE BROKKOLIRÖSCHEN IN DEN TOPF UND RÜHRE ALLES GUT UM.

⑤ GIESSE DIE HÜHNERBRÜHE ÜBER DIE ZUTATEN UND BRINGE SIE ZUM KOCHEN.

⑥ REDUZIERE DANN DIE HITZE AUF EIN MINIMUM, DECKE DEN TOPF AB UND LASSE IHN FÜR CA. 15 BIS 20 MINUTEN KÖCHELN, BIS DER REIS GAR IST UND DIE FLÜSSIGKEIT AUFGESOGEN WURDE.

⑦ MIT SALZ UND PFEFFER ABSCHMECKEN UND SERVIEREN.

☐ AUSPROBIERT

In der Mitte falzen

ZUTATEN FÜR 4 PERSONEN

GRUNDSTOCK

- 220 G VOLLKORNNUDELN
- 1 DOSE GEWÜRFELTE TOMATEN
- 2 KNOBLAUCHZEHEN, GEHACKT
- 2 T GEMÜSEBRÜHE
- SALZ UND PFEFFER NACH GESCHMACK

SPEZIAL

- 1 ZUCCHINI, GEWÜRFELT
- 1 ROTE PAPRIKA, GEWÜRFELT

TOMATEN–PASTA

NAME

SAISON SOMMER | ONE–POT

Ca. 15 MIN. AKTIVE ZEIT | Ca. 30 MIN. GESAMTZEIT

★☆☆☆ LEICHT

HIER KÖNNEN DIE KIDS* MITHELFEN
*je nach Alter

SO WIRDS GEMACHT

① **IN EINEM GROßEN TOPF DIE VOLLKORNNUDELN, GEWÜRFELTE ZUCCHINI, GEWÜRFELTE PAPRIKA, GEHACKTEN KNOBLAUCH UND GEWÜRFELTE TOMATEN KOMBINIEREN.**

② DIE GEMÜSEBRÜHE HINZUFÜGEN UND ALLES GUT UMRÜHREN.

③ DEN TOPF ZUM KOCHEN BRINGEN, DANN DIE HITZE REDUZIEREN, DEN DECKEL AUFSETZEN UND DIE PASTA FÜR ETWA 10 BIS 12 MINUTEN KOCHEN, BIS DIE NUDELN AL DENTE SIND UND DIE FLÜSSIGKEIT WEITGEHEND AUFGESOGEN WURDE. GELEGENTLICH UMRÜHREN, UM EIN ANKLEBEN ZU VERHINDERN.

④ MIT SALZ UND PFEFFER ABSCHMECKEN UND SERVIEREN.

☐ AUSPROBIERT

ES IST **verboten** sich über das KÜCHENPERSONAL und den Geschmack der Speisen ZU BESCHWEREN :)

ZUM AUSDRUCKEN

MEAL—PREP—METHODE

Stumpf übersetzt heißt Meal Prep einfach «Essensvorbereitung». Das kann unterschiedliche Dinge bedeuten. So kannst du die Zutaten für den Tag zum Beispiel am Morgen oder am Abend zuvor zurechtschneiden. Oder **du kochst Essen für einen oder direkt für mehrere Tage vor.** Es kann auch bedeuten, dass du entweder ein ganzes Gericht vorkochst und einfrierst oder nur einzelne Komponenten bereits schneidest und im Gefrierschrank aufbewahrst.

Meal Prep unterstützt dich bei der Planung zusätzlich. Wenn du mit den Rezeptkarten (DIY auf Seite 86) arbeitest, siehst du schnell, an welchen Stellen Meal Prep unkompliziert möglich ist.

Meal Prep erleichtert dir außerdem eine gesunde Ernährung. Da vieles schneller geht, fallen Snacks weg. Selbstgekochtes Essen schenkt dir außerdem die Kontrolle darüber, was du konkret zu dir nimmst. Meal Prep ermöglicht dir mit etwas Erfahrung, mit einer Komponente an verschiedenen Tagen unterschiedliche Gerichte zuzubereiten.

Beim Meal Prep ist die Zusammensetzung der Mahlzeiten wichtig. Wenn du mehrere Komponenten vorbereitest, brauchst du entsprechende Glas- oder Kunststoffdosen, in denen du sie getrennt voneinander aufbewahren kannst. Achte bei den Boxen darauf, dass sie sich vielfältig einsetzen lassen. Sie sollten transportabel sein und beispielsweise auch in die Mikrowelle dürfen.

In diesem Buch wird das umfangreiche Thema nur angedeutet. Wenn du mehr darüber erfahren möchtest, kann ich dir wärmstens empfehlen, «misskitchenpenny» auf Instagram zu folgen. So gelingt das Preppen kinderleicht.

INSTAGRAM
MISSKITCHENPENNY

WEBSITE
MISSKITCHENPENNY

KARTOFFELN
5X ANDERS

ÜBERTRAGE DIESE REZEPTE AUF DEINE REZEPTKARTEN (SEITE 86)

DIE KARTOFFELN WERDEN GEKOCHT UND ANSCHLIESSEND FÜR FOLGENDE ZWECKE VERWENDET:

1. KARTOFFELPÜREE*
2. KARTOFFELSUPPE*
3. KARTOFFELAUFLAUF*
4. KARTOFFELKNÖDEL*
5. BRATKARTOFFELN*

*Hier findest du Youtube-Anleitungen. Wähle aus diesen großartigen Vorschlägen dein Lieblingsrezept aus.

REIS
5X ANDERS

EXTRA-TIPP → ÜBERTRAGE DIESE REZEPTE AUF DEINE REZEPTKARTEN (SEITE 86)

DER REIS WIRD GEKOCHT UND ANSCHLIESSEND FÜR FOLGENDE ZWECKE VERWENDET:

1. **WILDREIS*** MIT GERÖSTETEN KICHERERBSEN UND RÜEBLI
2. **BRATREIS*** MIT GEMÜSE, SOJASAUCE UND EI
3. **REIS*** MIT POULET UND BOHNEN
4. **REIS*** MIT LACHSFILET UND BROCCOLI
5. **REIS*** MIT BBQ BLUMENKOHL UND GEMÜSE

*Auf dieser Website findest du eine Vielzahl von Rezepten zur Inspiration.

NUDELN
5X ANDERS

EXTRA-TIPP

Das Altern von Nudeln kann ihren Proteingehalt leicht erhöhen, aber dieser Effekt ist normalerweise nicht signifikant; die Hauptmotivation, Nudeln altern zu lassen, liegt in der Geschmacksentwicklung im Laufe der Zeit.

DIE NUDELN WERDEN GEKOCHT UND ANSCHLIESSEND FÜR FOLGENDE ZWECKE VERWENDET:

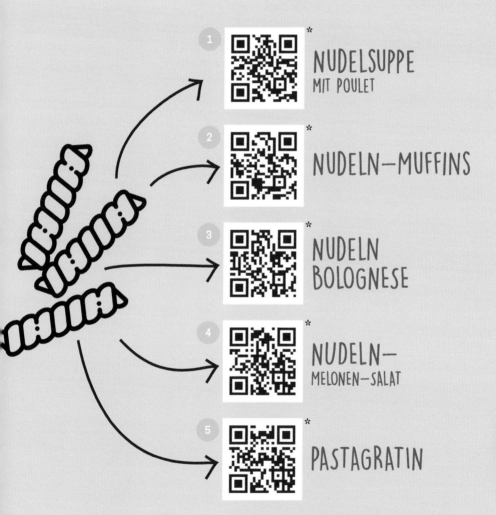

1. NUDELSUPPE MIT POULET*
2. NUDELN-MUFFINS*
3. NUDELN BOLOGNESE*
4. NUDELN-MELONEN-SALAT*
5. PASTAGRATIN*

* Wähle für dein Meal-Prep eine Nudelsorte aus und passe diese Rezepte für deine Rezeptkarten an.

BLECH REZEPT-METHODE

Bei der Blechrezept-Methode garen die Zutaten gemeinsam auf einem Blech im Ofen. Die Bonuspunkte liegen klar auf der Hand: einfache Zubereitung, **besonders aromatische Gerichte und überschaubarer Abwasch.** Du kannst vegetarisch, vegan oder klassisch mit Fleisch kochen und hast während des Garens Zeit für andere Dinge. Hier gehen leckere Alltagsgerichte ebenso wie besondere Gerichte für spezielle Anlässe. Ähnlich wie beim One-Pot-Gericht werden alle Zutaten zusammen gegart und sind gemeinsam fertig. Allerdings lassen sich hier Beilagen und Soßen vielseitig variieren. Auch hierbei braucht es eventuell einige Vorüberlegungen, damit die Garzeiten zusammenpassen.

Für diese Methode ist es sinnvoll, in ein gutes und etwas tieferes Blech zu investieren.

In der Mitte falzen

ZUTATEN FÜR 4 PERSONEN

GRUNDSTOCK

– 2 EL OLIVENÖL
– SALZ UND PFEFFER NACH GESCHMACK

SPEZIAL

– 4 HÄHNCHENSCHENKEL
– 1 ROTE PAPRIKA, IN STREIFEN GESCHNITTEN
– 1 ZUCCHINI, IN DÜNNE SCHEIBEN GESCHNITTEN

KNUSPRIGES HÄHNCHEN MIT GEMÜSE

NAME

SAISON
GANZJAHR

BLECH REZEPT

Ca. 10 MIN. AKTIVE ZEIT
Ca. 35 MIN. GESAMTZEIT

★☆☆☆ LEICHT

SO WIRDS GEMACHT

1) DEN OFEN AUF 200 GRAD CELSIUS VORHEIZEN.

2) DIE HÄHNCHENSCHENKEL AUF EIN MIT BACKPAPIER AUSGELEGTES BLECH LEGEN.

3) DAS GESCHNITTENE GEMÜSE (KANN VARIIEREN) UM DIE HÄHNCHENSCHENKEL HERUM VERTEILEN.

4) DAS OLIVENÖL GLEICHMÄSSIG ÜBER DAS HÄHNCHEN UND DAS GEMÜSE GIESSEN.

5) MIT SALZ UND PFEFFER WÜRZEN.

6) DAS BLECH IN DEN OFEN SCHIEBEN UND FÜR 25 MINUTEN BACKEN, BIS DAS HÄHNCHEN GOLDBRAUN UND DAS GEMÜSE ZART IST.

☐ AUSPROBIERT

In der Mitte falzen

ZUTATEN FÜR 4 PERSONEN

GRUNDSTOCK

– 1/2 T TOMATENSAUCE
– 1 T GERIEBENER MOZZARELLA-KÄSE
– SALZ UND PFEFFER
  NACH GESCHMACK

SPEZIAL

– 1 PACKUNG PIZZATEIG
  AUS DEM KÜHLREGAL
– GEMÜSE NACH WAHL
  (Z. B. PAPRIKA, TOMATEN, PILZE)

Ca. 10 MIN. AKTIVE ZEIT
Ca. 30 MIN. GESAMTZEIT

LEICHT

MINI-PIZZA-BLECH

NAME

SAISON GANZJAHR

BLECH REZEPT

 *je nach Alter

SO WIRDS GEMACHT

1) DEN OFEN AUF DIE IN DER PIZZATEIGVERPACKUNG ANGEGEBENE TEMPERATUR VORHEIZEN.

2) DEN PIZZATEIG AUF DEM BLECH AUSROLLEN.

3) DIE TOMATENSAUCE GLEICHMÄSSIG AUF DEM TEIG VERTEILEN.

4) DEN GERIEBENEN MOZZARELLA-KÄSE DARÜBER STREUEN.

5) DAS GEMÜSE NACH WAHL HINZUFÜGEN.

6) MIT SALZ UND PFEFFER WÜRZEN.

7) DAS BLECH IN DEN OFEN SCHIEBEN UND GEMÄSS DEN ANWEISUNGEN AUF DER TEIGVERPACKUNG BACKEN, NORMALERWEISE ETWA 12-15 MINUTEN.

☐ AUSPROBIERT

In der Mitte falzen

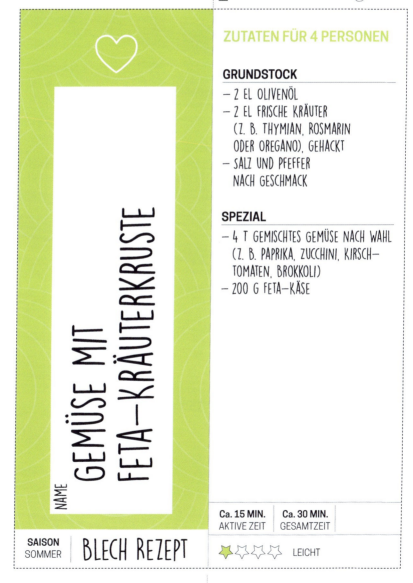

ZUTATEN FÜR 4 PERSONEN

GRUNDSTOCK

− 2 EL OLIVENÖL
− 2 EL FRISCHE KRÄUTER (Z. B. THYMIAN, ROSMARIN ODER OREGANO), GEHACKT
− SALZ UND PFEFFER NACH GESCHMACK

SPEZIAL

− 4 T GEMISCHTES GEMÜSE NACH WAHL (Z. B. PAPRIKA, ZUCCHINI, KIRSCHTOMATEN, BROKKOLI)
− 200 G FETA-KÄSE

NAME: GEMÜSE MIT FETA-KRÄUTERKRUSTE

SAISON: SOMMER

BLECH REZEPT

Ca. 15 MIN. AKTIVE ZEIT
Ca. 30 MIN. GESAMTZEIT

LEICHT

HIER KÖNNEN DIE KIDS* MITHELFEN
*je nach Alter

SO WIRDS GEMACHT

① DEN OFEN AUF 200 GRAD CELSIUS VORHEIZEN UND EIN BACKBLECH MIT BACKPAPIER AUSLEGEN.

② DAS GEWÜNSCHTE GEMÜSE IN MUNDGERECHTE STÜCKE SCHNEIDEN* UND AUF DEM BACKBLECH VERTEILEN.

③ DEN FETA-KÄSE IN KLEINE WÜRFEL SCHNEIDEN* UND ÜBER DAS GEMÜSE STREUEN.

④ DIE FRISCHEN KRÄUTER GLEICHMÄßIG ÜBER DEN FETA-KÄSE GEBEN.

⑤ DAS OLIVENÖL ÜBER DAS GEMÜSE GIEßEN UND MIT SALZ UND PFEFFER WÜRZEN.

⑥ DAS BACKBLECH IN DEN VORGEHEIZTEN OFEN SCHIEBEN UND FÜR ETWA 20 BIS 25 MINUTEN BACKEN, BIS DAS GEMÜSE WEICH IST UND DER FETA GOLDBRAUN UND KNUSPRIG WIRD.

⑦ DAS BLECH AUS DEM OFEN NEHMEN UND DAS GEBACKENE GEMÜSE MIT FETA-KRÄUTERKRUSTE SERVIEREN.

DIESES VEGETARISCHE REZEPT IST NICHT NUR EINFACH ZUZUBEREITEN, SONDERN AUCH VOLLER GESCHMACK UND AROMEN. DIE KOMBINATION AUS GERÖSTETEM GEMÜSE, WÜRZIGEM FETA-KÄSE UND FRISCHEN KRÄUTERN IST KÖSTLICH UNDGESUND. GUTEN APPETIT!

☐ AUSPROBIERT

Ausschließlich für den Gebrauch mit speziellen Kinder-Messern.

REZEPTE AUS SPEISERESTEN

Wusstest du, dass knapp **ein Drittel aller Lebensmittel weltweit im Müll landet**? Das «Leftover-Kochen» wirkt dem ganz pragmatisch entgegen. Für diese Methode sind deine Rezeptkarten (DIY auf Seite 86) und etwas Übung wichtig, denn in einigen Situationen braucht das «Leftover-Kochen» etwas Improvisation, weil nicht alle Zutaten vorhanden sind.

Klassischerweise öffnest du bei dieser Methode den Kühlschrank und schaust, was du dahast. Sind deine Rezeptkarten nach Zutaten gegliedert, kannst du nun schauen, welches Gericht passt. Achte darauf, die Zutaten zu nehmen, die schnell verderben. Auf Seite 71 findest du wertvolle Tipps, wie du Gemüse besonders lange frisch hältst. Sind grüne Blätter beispielsweise labberig, kannst du sie ins Wasser legen und sie saugen sich wieder voll.

Geh vernünftig mit Mindesthaltbarkeitsdaten um. Lebensmittel sind oft noch etwas länger gut, als das Datum uns suggeriert. Mindesthaltbarkeit heißt nicht «Sofort nach Ablauf tödlich».

Wenn du etwas nicht mehr brauchst, beispielsweise vor den Ferien, schmeiße es nicht weg. Vielleicht freut sich deine Nachbarin über den zusätzlichen Liter Milch. Wenn deine Nachbarschaft eher anonym ist und du ein paar Lebensmittel übrig hast, kannst du sie von einem Foodsharing-Anbieter abholen lassen.

Manchmal kochen wir zu viel, weil der Appetit zu groß war oder wir uns schlicht bei den Mengen irren. Bevor diese Reste in den Müll wandern, ist es sinnvoll, sie direkt in ein ausgekochtes Einweckglas (Seite 121) zu füllen und dieses zu verschließen. Wenn du es wieder aufwärmen möchtest, stellst du es einfach bei 120 Grad für 40 Minuten in den Backofen. Sorge nur für ausreichend Feuchtigkeit im Backofen, und freu dich auf ein leckeres Essen. Vor dem Verzehr sollte es einmal ploppen – das bedeutet, dass das Weckglas richtig verschlossen war. Oder jenachdem kannst du die Malzeit auch einfrieren (Seite 119).

DIE KOMBINATIONSFORMEL

ZUTAT 1
LEBENSMITTEL, DIE DU AUFBRAUCHEN MUSST (GEMÜSE, BEREITS GEKOCHTES)

+

ZUTAT 2
SACHEN AUS DER VORRATSKAMMER, DIE NICHT SO SCHNELL VERDERBEN, WIE MEHL ODER REIS

+

ZUTAT 3
GEWÜRZE (SESAM, SOJASOßE, SALZ, PFEFFER USW.)

=

LECKER :)

Mit Zutaten aus diesen drei Gruppen kannst du fröhlich kombinieren und ausprobieren. Kreativität tut jeder Küche gut.

HAST DU REIS ÜBRIG?

In der Mitte falzen

ZUTATEN FÜR 4 PERSONEN

GRUNDSTOCK

- 200 G REIS (Z. B. ARBORIO)
- 2 T GEMÜSEBRÜHE
- 1 ZWIEBEL, GEHACKT
- 2 T VOLL GEMISCHSTES TK-GEMÜSE
- 1/2 T PARMESAN-KÄSE, GERIEBEN

SPEZIAL

GEMÜSE-RISOTTO

NAME

SAISON WINTER | RESTEVERWERTUNG | Ca. 15 MIN. AKTIVE ZEIT | Ca. 30 MIN. GESAMTZEIT | ★☆☆☆ LEICHT

HIER KÖNNEN DIE KIDS* MITHELFEN
*je nach Alter

SO WIRDS GEMACHT

1. DIE GEHACKTE ZWIEBEL IN EINEM TOPF MIT ETWAS ÖL ANSCHWITZEN.
2. DAS GEWÜRFELTE GEMÜSE HINZUFÜGEN UND FÜR ETWA 5 MINUTEN ANBRATEN.
3. DEN ARBORIO-REIS HINZUFÜGEN UND KURZ ANRÖSTEN.
4. NACH UND NACH DIE GEMÜSEBRÜHE HINZUFÜGEN, DABEI STÄNDIG UMRÜHREN, BIS DER REIS AL DENTE IST.
5. DEN GERIEBENEN PARMESAN UNTERRÜHREN UND MIT SALZ UND PFEFFER ABSCHMECKEN.

☐ AUSPROBIERT

HAST DU POULET ÜBRIG?

In der Mitte falzen

ZUTATEN FÜR 4 PERSONEN

GRUNDSTOCK

— 2 HÄHNCHENBRUSTFILETS, IN WÜRFEL GESCHNITTEN
— 2 TASSEN GEMISCHTES TK-GEMÜSE DEINER WAHL (Z. B. PAPRIKA, ZUCCHINI, KAROTTEN)
— 2 KNOBLAUCHZEHEN, GEHACKT
— 2 ESSLÖFFEL OLIVENÖL
— 2 ESSLÖFFEL SOJASAUCE

SPEZIAL

NAME: HÄHNCHEN-GEMÜSEPFANNE

SAISON: WINTER

RESTEVERWERTUNG

Ca. 20 MIN. AKTIVE ZEIT
Ca. 30 MIN. GESAMTZEIT

★☆☆☆ LEICHT

HIER KÖNNEN DIE KIDS* MITHELFEN
*je nach Alter

SO WIRDS GEMACHT

1. ERHITZE DAS OLIVENÖL IN EINER PFANNE BEI MITTLERER HITZE.

2. GIB DIE GEWÜRFELTEN* HÄHNCHENBRUSTFILETS IN DIE PFANNE UND BRATE SIE ETWA 5 BIS 7 MINUTEN LANG AN, BIS SIE GOLDBRAUN UND DURCHGEBRATEN SIND. ENTFERNE SIE AUS DER PFANNE UND LEGE SIE BEISEITE.

3. IN DERSELBEN PFANNE, IN DER DU DAS HÄHNCHEN GEBRATEN HAST, GIB DAS GEHACKTE GEMÜSE UND DEN GEHACKTEN KNOBLAUCH HINZU. BRATE SIE ETWA 5 BIS 7 MINUTEN LANG AN, BIS DAS GEMÜSE WEICH WIRD UND LEICHT GEBRÄUNT IST.

4. FÜGE DIE GEBRATENEN HÄHNCHENSTÜCKE WIEDER IN DIE PFANNE HINZU.

5. GIEßE DIE SOJASAUCE ÜBER DAS HÄHNCHEN UND DAS GEMÜSE UND RÜHRE ALLES GUT UM, BIS DIE ZUTATEN GUT VERMISCHT SIND UND DIE SOJASAUCE EINGEZOGEN IST.

6. LASS ALLES NOCH 1 BIS 2 MINUTEN KÖCHELN, UM SICHERZUSTELLEN, DASS DAS HÄHNCHEN UND DAS GEMÜSE DURCH UND DURCH HEIß SIND.

7. MIT REIS, NUDELN ODER EINFACH SO SERVIEREN.

DIESE HÄHNCHEN-GEMÜSEPFANNE IST EIN SCHNELLES UND GESUNDES GERICHT, DAS SICH HERVORRAGEND ZUR VERWERTUNG VON HÄHNCHENRESTEN EIGNET. DU KANNST AUCH VERSCHIEDENE GEMÜSESORTEN HINZUFÜGEN ODER DIE SOJASAUCE NACH GESCHMACK ANPASSEN. GUTEN APPETIT!

☐ AUSPROBIERT

Ausschließlich für den Gebrauch mit speziellen Kinder-Messern.

HAST DU FISCH ÜBRIG?

In der Mitte falzen

ZUTATEN FÜR 4 PERSONEN

GRUNDSTOCK

- 200 G FISCHRESTE (GEKOCHT, GEGRILLT ODER GEBRATEN), ZERKLEINERT
- 1/2 T MAYONNAISE
- 2 EL DIJON-SENF
- 2 EL ZITRONENSAFT
- 2 EL GEHACKTE FRISCHE KRÄUTER (Z. B. PETERSILIE ODER DILL)
- SALZ UND PFEFFER NACH GESCHMACK
- 4 SCHEIBEN BROT (Z. B. VOLLKORN ODER BAGUETTE)

SPEZIAL

NAME: FISCH-BROTAUFSTRICH

SAISON: GANZJAHR

RESTEVERWERTUNG

Ca. 10 MIN. AKTIVE ZEIT | Ca. 10 MIN. GESAMTZEIT

★☆☆☆ LEICHT

SO WIRDS GEMACHT

① IN EINER SCHÜSSEL DEN ZERKLEINERTEN FISCH, DIE MAYONNAISE, DEN DIJON-SENF, DEN ZITRONENSAFT UND DIE GEHACKTEN KRÄUTER VERMENGEN.

② DIE MISCHUNG GUT UMRÜHREN, BIS ALLE ZUTATEN GUT MITEINANDER KOMBINIERT SIND.

③ MIT SALZ UND PFEFFER NACH GESCHMACK ABSCHMECKEN.

④ DIE BROTSCHEIBEN LEICHT TOASTEN ODER GRILLEN, BIS SIE KNUSPRIG SIND.

⑤ DIE FISCHMISCHUNG GROSSZÜGIG AUF DIE GETOASTETEN BROTSCHEIBEN VERTEILEN.

⑥ OPTIONAL KANNST DU DIE BROTSCHEIBEN IN HÄLFTEN SCHNEIDEN, UM KLEINE SANDWICHES ZU ERHALTEN.

DIESER FISCH-BROTAUFSTRICH IST EINE SCHNELLE UND KÖSTLICHE MÖGLICHKEIT, FISCHRESTE ZU VERWENDEN. DU KANNST IHN AUF BROT ODER TOAST SERVIEREN UND NACH BELIEBEN MIT ZUSÄTZLICHEN ZUTATEN WIE SALATBLÄTTERN, TOMATENSCHEIBEN ODER GURKENSCHEIBEN GARNIEREN. GUTEN APPETIT!

☐ AUSPROBIERT

« Kochen ist die Kunst, die uns unsere Eltern nicht nur mit Rezepten sondern auch mit Liebe und Traditionen vererben. »

Unbekannt

ZUM AUSDRUCKEN

WIE

DIY

Zubereitungsarten-Formel

AUFWAND EINSCHÄTZEN

Diese kleinen, aber feinen Zubereitungskärtchen helfen dir bei der Entscheidung, was gekocht wird. Über die Zubereitungsarten kannst du sehr gut **den Aufwand einschätzen und dementsprechend passende Gerichte aussuchen.** Es ist einmalig ein größerer Aufwand, der sich jedoch später in deiner Planung auszahlen wird. Du kannst dann ganz einfach die Rezepte auswählen und wirst in deiner Planungsgenauigkeit davon profitieren. Zudem kannst du mit diesen Karten auch gemeinsam mit deinen Kindern planen, sodass sie auf praktische Weise etwas über Zeitmanagement lernen. Man kann diesen DIY auch einfach weglassen und je nach Laune die Rezepte auswählen. Wenn es jedoch schnell gehen muss, ist es hilfreich, im Voraus zu wissen, welche Gerichte schnell zubereitet werden können.

ANLEITUNG

1. Leg dir die Formel für die Woche hin.
2. Such dir die entsprechenden Rezepte aus.
3. Fertig.

ZUBEHÖR
Schere, Drucker

https://qr.de/Zubereitungsformel

ZUBEREITUNGSART ZUM AUSDRUCKEN

KOCHEN: SCHNELL UND EINFACH

ONE-POT	BLECH REZEPT
ONE-POT	BLECH REZEPT
ONE-POT	BLECH REZEPT
ONE-POT	BLECH REZEPT
ONE-POT	BLECH REZEPT
RESTEVERWERTUNG	MISCHUNG AUS TK UND FRISCH**
RESTEVERWERTUNG	MISCHUNG AUS TK UND FRISCH**
RESTEVERWERTUNG	MISCHUNG AUS TK UND FRISCH**
RESTEVERWERTUNG	MISCHUNG AUS TK UND FRISCH**
SPEZIAL*	JOKER: LIEFERSERVICE

* neues Rezept aus frischem
** Fertig gekauft oder muss vorbereitet werden. Grundstock für TK

Schlusswort

Wir sind am Ende unserer gemeinsamen Reise in die Planung der Familienküche angekommen, und ab jetzt geht es direkt in eurer Familie weiter. Erinnere dich im größten Chaos und Stress daran, zu atmen und dich nicht von den Anforderungen auffressen zu lassen. Auch wenn die Dinge einmal ganz anders als geplant laufen und du vielleicht deinem eigenen Anspruch nicht gerecht wirst, sei lieb zu dir. Du machst einen wunderbaren Job in jedem Bereich. Erlaube dir Leichtigkeit und Ausnahmen, damit die Freude am Kochen bleibt.

Zu Beginn fühlt sich die Planung oft sehr künstlich an. Ich verspreche dir aber, dass du dich nach einigen Wochen daran gewöhnt hast und immer besser darin wirst. Mit einem Mal wirst du Rezepte sehen, die du optimal miteinander verbinden kannst. Du wirst Spaß daran entwickeln, Sachen auszuprobieren und Zeiten effektiv zu planen. All das wird dir immer leichter fallen. Außerdem kannst du deinen Kindern hiermit wichtige Tools für ihr Leben mitgeben. Planung und Zeitmanagement sind Kernkompetenzen, die sie mit der Essens- und Einkaufsplanung spielerisch lernen können.

Ergänze auch gerne deine Rezepte und bleib offen für Neues. Vielleicht möchten auch deine Kinder Dinge ausprobieren und bringen neue Gerichte mit in die Familie. Oder ihr stellt fest, dass ihr gerne einen spontanen Tag in der Woche haben möchtet, an dem ihr euch kurzfristig ein leckeres Gericht für euch überlegt. Erlaubt euch diese Spontanität. Dieses System lässt sich auf jede Familie und ihre Bedürfnisse anwenden, weil es sich als Gerüst einfach und unkompliziert anpassen lässt. Erlaub dir diese Freiheit und arbeite so mit diesem Buch und seinen Erkenntnissen, dass es am Ende für euch optimal passt. Abweichungen, Ergänzungen und jede Form der Individualisierung sind wunderbar – es geht schließlich darum, dass ihr als Familie einen guten und möglichst stressfreien Umgang mit der Familienküche findet. Mach dich hier mit Freude und Neugier auf die Suche und trau dich, auszuprobieren.

Es wird lecker ;)

GEFÄLLT DIR DIESES BUCH?

Dann lass es uns unbedingt Wissen! Deine Meinung ist uns außerordentlich wichtig. Deshalb würden wir uns über eine Rezension von dir auf Amazon sehr freuen. Scanne dafür ganz einfach den untenstehenden QR-Code. Es dauert nur 2 bis 3 Minuten!

Es interessiert uns sehr, wie du mit diesem Buch arbeitest und welche Gedanken du dazu hast, denn wir haben unser Herzblut in dieses Projekt gesteckt. Teile deine Meinung in unseren Social-Media-Kanälen (siehe Seite 163) oder schreibe uns eine E-Mail (epifaniverlag@gmail.com). Wir würden uns sehr darüber freuen.

https://qr.de/rezensionSKE

WEITERE VERÖFFENTLICHUNGEN

Für mehr Gelassenheit im Mama-Alltag
ISBN 978-3952573501

DIESE BÜCHER WIRST DU AUCH LIEBEN

Wenn dein Kind grösser wird
ISBN 978-3000758317

Noch mehr Gelassenheit
ISBN 978-3982467795

Inspiration für deine Rezepte
ISBN 978-3742322463

MÖCHTEST DU BEIM NÄCHSTEN BUCH MITBESTIMMEN ODER TESTLESER/IN WERDEN?

Bewirb dich einfach per E-Mail an epifaniverlag@gmail.com. Nach deiner Bewerbung laden wir dich in unsere geschlossene, exklusive Facebook-Gruppe ein. Außerdem wirst du per E-Mail benachrichtigt, wenn ein neues Buch in der Entstehung ist.

© COPYRIGHT. ALLE RECHTE VORBEHALTEN

Das Werk einschließlich seiner Teile (Text, Grafik, Illustration, Konzept) ist urheberrechtlich geschützt. Nachdruck oder Reproduktion (auch auszugsweise) in irgendeiner Form (Druck, Fotokopie oder anderes Verfahren) sowie die Einspeicherung, Verarbeitung, Vervielfältigung und Verbreitung mit Hilfe elektronischer Systeme jeglicher Art, gesamt oder auszugsweise, ist ohne ausdrückliche schriftliche Genehmigungdes Herausgebers untersagt. Alle Übersetzungsrechte vorbehalten.

HAFTUNGSAUSSCHLUSS

Die Benutzung dieses Buches und die Umsetzung der darin enthaltenen Informationen erfolgt ausdrücklich auf eigenes Risiko. Dieses Buch enthält Tipps und Meinungen der Autorin und hat die Absicht, informatives und hilfreiches Wissen zu vermitteln. Es gibt keine Garantie dafür, dass die enthaltenen Strategien für jeden Leser passen und funktionieren. Haftungsansprüche gegen den Verlag und die Autorin für Schäden materieller oder ideeller Art, die durch die Nutzung oder Nichtnutzung der Informationen bzw. durch die Nutzung fehlerhafter und/oder unvollständiger Informationen verursacht wurden, sind grundsätzlich ausgeschlossen. Somit sind jegliche Rechts- und Schadenersatzansprüche ausgeschlossen. Das Werk inklusive aller Inhalte wurde unter größter Sorgfalt erarbeitet. Der Verlag und die Autorin übernehmen jedoch keine Gewähr für Aktualität, Korrektheit, Vollständigkeit und Qualität der bereitgestellten Informationen. Druckfehler und Falschinformationen können nicht vollständig ausgeschlossen werden. Sowohl der Verlag als auch die Autorin übernehmen keine Haftung für die Aktualität, Richtigkeit und Vollständigkeit der Inhalte des Buches, ebenso nicht für Druckfehler. Es kann keine juristische Verantwortung sowie Haftung in irgendeiner Form für fehlerhafte Angaben und daraus entstandene Folgen vom Verlag bzw. von der Autorin übernommen werden.

EXTERNE LINKS

Das Werk enthält Links zu externen Webseiten Dritter, auf deren Inhalt der Herausgeber keinen Einfluss hat. Deshalb kann für die Inhalte externer Inhalte keine Gewähr übernommen werden. Für die Inhalte der verlinkten Webseiten ist der jeweilige Anbieter oder Betreiber der Webseite verantwortlich. Die verlinkten Seiten wurden zum Zeitpunkt der Verlinkung auf mögliche Rechtsverstöße überprüft. Rechtswidrige Inhalte waren zum Zeitpunkt der Verlinkung nicht erkennbar. Eine permanente inhaltliche Kontrolle der verlinkten Webseiten ist jedoch ohne konkrete Anhaltspunkte einer Rechtsverletzung nicht zumutbar. Bei Bekanntwerden von Rechtsverletzungen werden derartige Links umgehend entfernt.

AFFILIATE LINKS

Die mit Sternchen (*) gekennzeichneten Links sind sogenannte Affiliate-Links. Wenn du auf so einen Affiliate-Link klickst und über diesen Link einkaufst, bekomme ich von dem betreffenden Online-Shop oder Anbieter eine kleine Provision. Für dich verändert sich der Preis nicht. Die Produkte können selbstverständlich auch anderweitig gekauft werden. Ich empfehle, und das ist mir enorm wichtg, ausschließlich Produkte die ich selber getestet habe und bei denen ich dahinter stehen kann.

IMPRESSUM

1. Auflage 2023

Copyright © 2023 | EPIFANI VERLAG | CH-8902 Urdorf

DIE AUTORIN WIRD VERTRETEN DURCH
Sabrina Epifani
Keimlerweg 21
CH-8902 Urdorf

KONTAKT
epifaniverlag@gmail.com

Alle Rechte vorbehalten.

COVERGESTALTUNG, GRAFIK UND BUCHSATZ
Sabrina Epifani | epifani.ch
Unter Verwendung von Motiven von: www.freepik.com

ILLUSTRATIONEN
Sabrina Epifani | epifani.ch
©Sabrina Epifani

VERANTWORTLICH FÜR DEN DRUCK
Amazon und Partner

Das Werk, einschließlich seiner Teile, ist urheberrechtlich geschützt. Jede Verwertung ist ohne Zustimmung des Herausgebers und des Autors unzulässig. Dies gilt insbesondere für die elektronische oder sonstige Vervielfältigung, Übersetzung, Verbreitung, und öffentliche Zugänglichmachung.

Taschenbuch: 978-3-9525735-3-2
Gebundene Ausgabe: 978-3-9525735-4-9

https://qr.de/tiktokske
FOLGE UNS AUF TIKTOK

https://qr.de/instagramEpifaniVerlag
FOLGE UNS AUF INSTAGRAM

https://qr.de/facebookVerlag
FOLGE UNS AUF FACEBOOK

Notizen

Printed in Poland
by Amazon Fulfillment
Poland Sp. z o.o., Wrocław
27 February 2024

9a5b69d6-9d22-479b-9285-6a54d4e92ab7R01